Patrick Ibekwe (Hg.)

In stillen
Teichen
lauern
Krokodile

Afrikanische Sprichwörter

Aus dem Englischen
von Susanne Koehler

Peter Hammer Verlag

Originalausgabe:
Wit and Wisdom of Africa
Proverbs from Africa & the Caribbean
Patrick Ibekwe
©1998 by New Internationalist Publications Ltd., Oxford/UK.
(Die vorliegende Ausgabe enthält nicht die Texte aus der Karibik;
sie sind für eine eigene Ausgabe vorgesehen.)

Patrick Ibekwe
Geboren 1964, studierte Jura und Public Policy an der London
School of Economics, Informatic Technology an der University of
West England. Der Autor, der sich seit Jahren mit den sozialen
und politischen Entwicklungen in Nigeria, der Heimat seiner
Familie, beschäftigt, lebt und arbeitet in London.

Die Publikation wurde vom Evangelischen Entwicklungsdienst
(EED) durch den ABP gefördert.

Die Deutsche Bibliothek - CIP Einheitsaufnahme
Ein Titeldatensatz für die Publikation ist bei
Der Deutschen Bibliothek erhältlich

© Patrick Ibekwe 1998
© Peter Hammer Verlag GmbH, 2000
Alle Rechte ausdrücklich vorbehalten
Gesamtgestaltung: Magdalene Krumbeck
Lektorat: Gudrun Honke
Druck: Wiener Verlag
ISBN 3-87294-856-3

Inhalt

Themen

4

5

Abwägen

»Halte mein Baby, wie du deines hältst«, sagte die Frau.
OROMO

Ein Herz, das seine Worte nicht sorgfältig abwägt, lässt dich
etwas aussprechen, was dein Nachbar niemals vergessen wird.
GANDA

Nachts überlegt man eine Sache, am nächsten Morgen wird
alles ganz anders verstanden. OVAMBO

Kaue, bis es weich ist, ehe du schluckst. LUYIA

Sprich nie den ersten Gedanken aus, der dir durch den Kopf
schießt. NANDI

Wer etwas durcheinander bringt, muss wissen, wie er wieder
Ordnung schafft. TEMNE

Es ist besser, das zu überschlafen, was du zu tun beabsichtigst,
als dich von dem wach halten zu lassen, was du getan hast.
IGBO

Wer dir rät, die Gefahr zu fliehen, ist auf deiner Seite. LUYIA

A

Akzeptieren

Wenn der Tod kommt und deinen Vater und deine Mutter
holt, dann klage nicht: »Mein Vater und meine Mutter sind
tot«, sondern weine und sage: »Ich und mein Vater und meine
Mutter gehen mit dir.« ASHANTI

Lade den Einbrecher als ersten ein, denn er kommt sowieso,
auch wenn er nicht eingeladen ist. OROMO

Wer bei Nacht arbeitet, sollte den Mond nicht beschuldigen, er
störe ihn. YORUBA

Du schluckst, was auf deinem Teller landet. UGANDA

Alles ändert sich

Die früher getanzt haben, schauen jetzt zu. GIKUYU

Wer einstmals über den Fluß sprang, watet jetzt durch.
GIKUYU

Wenn die Musik wechselt, ändert sich der Tanz. HAUSA

Auf die Nacht folgt der Tag, auf die Hungersnot der Überfluss.
OVAMBO

Das, was krumm ist, bringt Gerades hervor. GANDA

Was zum Gestern gehörte, passt nicht ins Heute. OVAMBO

Auf Sturm folgt Ruhe. SWAHILI

Um sein Leben zu ändern, ist es nie zu spät. SWAHILI

Aus dem, was schlecht ist, machen wir Gutes. TWI

Was heute vernünftig ist, mag morgen verrückt sein. YORUBA

Alter

Ein alter Mensch hat die Weisheit geschmeckt. OVAMBO

»Weißt du nicht, dass ich einmal war wie du?«, sagte das alte,
vertrocknete Blatt zu dem jungen, stolzen. UGANDA

Werde alt, Körper, das Herz ist noch immer dasselbe.
NDEBELE

Wer einstmals über den Fluss sprang, watet heute ans andere
Ufer. GIKUYU

Du kannst von deinen Eltern fortlaufen, doch sie denken
weiter als du. SUKUMA

Wer denkt, alte Menschen seien nicht weise, hat viele
Menschen beleidigt. YORUBA

Brauchst du guten Rat, bitte die Alten darum. OROMO

Ein Kind schaut überall hin und sieht nichts, aber der alte
Mann, der auf dem Boden sitzt, sieht alles. WOLOF

Andere

Eine Angelegenheit, die andere betrifft, sollte man nicht für
sich behalten. YORUBA

Ein Pfosten wird stark durch einen anderen Pfosten. THONGA

Wäre das Knie nicht, könnte sich das Bein nicht beugen.
MONGO

Wer versucht eine Schlange zu töten, sollte daran denken, dass auch die Schlange leben will. IGBO

Die Last der andern ist immer leichter. HAYA

Wer den Weg nicht kennt, hält den auf, der ihn kennt.
GIKUYU

Schenkt man ihr etwas, hat man sie begünstigt, schenkt man mir etwas, habe ich es verdient. SWAHILI

Wenn die Krankheit deinen Freund heimsucht, so ist sie nicht in deinem Körper. SUKUMA

Es ist nicht notwendig, die Laterne des anderen auszublasen, damit deine eigene hell scheine. SWAHILI

A

Die Quelle veranlasst den Strom zu fließen. YORUBA

Wer einen anderen zum Kämpfen ausschickt, gibt ihm keine Kraft mit. IGBO

Der Baum hängt voller Früchte; denke aber nicht, er sei von allein so fruchtbar geworden – man hat rings um ihn her gepflügt. TSONGA

Durch andere bin ich jemand. TSWANA

Andere Menschen machen uns zu Menschen. SOTHO

Ist es nicht deine Mutter, der Gefahr von wilden Tieren droht, kann die Angelegenheit bis morgen warten. GANDA

Weisheit, Klugheit, Geschicklichkeit und Wissen sind nicht nur einem vorbehalten. ACHOLI

Ohne einen Dritten, der vermittelt, können sich zwei bis zum Tod bekämpfen. YORUBA

Ohne Daumen kannst du nicht mit den Fingern schnalzen.
IGBO

Du brauchst einen Spiegel, um einen Fleck im Gesicht zu sehen. SWAHILI

Anfänge

Ein guter Anfang verspricht ein gutes Ende. SWAHILI

Nicht unbedingt derselbe fängt etwas an und führt es dann auch zu Ende. GIKUYU

Wer auf einen Baum klettern will, fängt unten an, nicht oben. TSHI

Der Anfang ist immer schwer. SWAHILI

Der Anfang ist der wichtigste Teil einer Arbeit. IGBO

Die Schildkröte sagt: »Arbeit, die begonnen wurde, ist schon so gut wie fertig.« IGBO

Angeben und bescheiden sein

Man wird nicht groß, wenn man Größe für sich beansprucht. XHOSA

Manche Soldaten sind nur Soldaten, wenn sie reden. GIKUYU

Wer um ein Messer bittet, will alle wissen lassen, dass er ein Tier geschlachtet hat. SHONA

Jener, der nicht dabei war, hat den Büffel getötet. UGANDA

Wenn einer sagt, er werde eine Axt schlucken, dann biete an, ihm den Stiel zu halten. HAUSA

»Beim Tragen von Babys ist meine Mutter ganz gewiss die Beste«, sagt das Baby. UGANDA

Das Salz wird nie von sich selbst sagen: »Ich habe einen angenehmen Geschmack.« OJI

Angemessenheit

Einer Sache, die schnell auf einen zukommt, muß man auch schnell nachgehen. BEMBA

Eine Einladung ist Medizin für den, der in der Ferne weilt. HAUSA

Man tanzt zur Trommel nur dort, wo die Trommel ist. IGBO

Eine vor aller Augen geschlagene Wunde muß auch vor aller
Augen genäht werden. GIKUYU

Sende keinen weisen Mann wegen einer kleinen
Angelegenheit, wenn eine große auf ihn wartet. ALTÄGYPTEN

»Gib mir sofort eine Medizin!« ist keine Entschuldigung für
ein schlechtes Heilmittel. TSHI

Wer kein Unrecht tut, dem widerfährt auch keins. SWAHILI

Man klettert nicht am Baumstamm hoch und an den Zweigen
herunter. HAUSA

Wo man sich den Dorn eingetreten hat, dort zieht man ihn
auch aus. TSONGA

Wenn sich dir das Trommelfell bietet, schlägst du den
Rhythmus nicht an der Seite. TSHI

Sprich mit dem, der offene Ohren hat, und schicke den, der zu
gehen bereit ist. OROMO

Schicke nicht den Spaßmacher, wenn die Leute zu einer
Beerdigung gerufen werden sollen. SUKUMA

Renne nicht, wenn du auf einen Berg steigst. TSONGA

Was nicht zäh ist, benötigt kein Messer. YORUBA

Was in deinen Mund passt, kannst du ordentlich kauen.
GANDA

Such dir einen Stock, ehe du von einer Schlange sprichst.
SWAHILI

Anmaßung

Ein junger Affe bringt einem alten keine Tricks bei. SWAHILI

Der »Ich-weiß-Mann« versteht überhaupt nichts. MAMPRUSSI

Die Tochter belehrte die Mutter, wie sie ein Kind zur Welt
bringen soll. OROMO

Wer sagt, er könne mit einem Kind umgehen, ist der, der kein
Kind hat. SHONA

Anpassung

Wenn der Schatten nicht zur Antilope kommt, kommt die
Antilope zum Schatten. MAMPRUSSI

Reißt die Tasche, können sich die Schultern ausruhen. TSHI

Zerbricht der Wassertopf, den du auf dem Kopf trägst, solltest
du dich mit dem Wasser waschen. MAMPRUSSI

Ist ein Haus in Brand geraten, können sich die Besitzer am
Feuer wärmen. GIKUYU

Die Made im Fleisch ist auch Fleisch. HAUSA

Als der Stein ins Meer geworfen wurde, sagte er: »Schließlich
ist auch das ein Zuhause.« UGANDA

Anwesend und abwesend

Etwas Kleines, das du siehst, ist mehr wert als das Große, das
nur versprochen wurde. GANDA

Wenn der Mond nicht leuchtet, scheinen die Sterne. HAUSA

Wer zu spät kommt, muß sein Essen mit anderen teilen.
OROMO

Bist du nicht da, ist auch dein Anteil nicht da. SWAHILI

Ist keine erfahrene Henne im Hof, spielt sich die Junghenne
umso mehr auf. IGBO

Arbeit

Ein krummer Stock verrät den Schreiner. OJI

Wer stets seine Arbeit unterbricht, wird nie fertig. EFIK

Ehrlicher Arbeit brauchst du dich nicht schämen. TWI

Feuerholz sammelt sich nicht von allein. NAMIBIA

Sind die Palmkerne noch nicht zu Ende, wird sich der Mund
nicht ausruhen. IGBO

Schwitze beim Essen. MAMPRUSSI

Säe, wenn es dir nicht gefällt, du wirst ernten, wenn es dir gefällt. HAUSA

Das Büschel Bananen, für das du gearbeitet hast, schmeckt süßer als das geschenkte. GANDA

Die Katze will Erdnüsse – warum hat sie das Feld nicht gehackt? MAMPRUSSI

Die Erde sorgt für jene, die sie ernähren. YORUBA

Der Krieg der Bäuche wird mit der Hacke gekämpft und gewonnen. SUKUMA

Die Arbeit, die man sich selbst vorgenommen hat, ist nie unmöglich. GIKUYU

Das Land zu bebauen heißt sich selbst zu lieben. AFRIKA

Was man durch schwere Arbeit erlangt, erlangt man nicht für seinen Nachbarn. TSHI

Was gestern in den Bauch ging, ist heute nicht mehr im Mund. EWE

Ist die Arbeit misslungen, schämt sich der Arbeiter. MONGO

Arbeit ist gut, vorausgesetzt, du vergisst nicht zu leben. SÜDLICHES AFRIKA

Arbeit, die an einem Tag erledigt werden kann, ist nicht wirkliche Arbeit. TSHI

Armut

»Was soll ich den Armen noch mitgeben?« fragte Gott. »Fingernägel und ein Jucken«, antworteten die Armen. OROMO

Ein Huhn ist die Kuh des armen Mannes. NIGERIA

Ein Haus aus nichts als Lehm – das Feuer wendet sich beleidigt ab. HAUSA

Ein Armer hat keine Freunde. GANDA

Die Ziege eines armen Mannes vermehrt sich nicht, und wenn

sie es doch tut, bringt sie eine unfruchtbare Ziege zur Welt.
SWAHILI

Auch wenn ein Armer nichts besitzt, so hat er doch eine
Zunge, mit der er das Bezahlen seiner Schulden
hinausschieben kann. TSHI

Würde ein Armer darauf bestehen, einem Reichen guten Rat
zu erteilen, würde man ihn verrückt nennen. KURIA

Erfindet ein Armer ein Sprichwort, findet es keinen Anklang.
TSHI

Verflucht dich jemand und sagt: »Lasst sie sterben«, so
schmerzt das nicht so, als würde er sagen: »Soll sie doch arm
werden.« TSHI

Willst du dich nicht der Armut verschreiben, so verschreibe
dich der Arbeit. HAUSA

Es ist besser, in der Jugend arm zu sein statt im Alter. KURIA

Selbst ein armer Mann hat ein Herz. TSWANA

Nicht nur Armut ist schändlich. TSHI

Armut ist wie ein Löwe – kämpfst du nicht, wirst du gefressen.
HAYA

Die Henne eines Armen legt keine Eier; und wenn sie Eier
legt, brütet sie nie; und wenn sie brütet, zieht sie die Küken
nicht auf; und wenn sie sie aufzieht, holt sie der Habicht.
SWAHILI

Der Affe sagt, nichts sei so gut wie die Armut, um einem
Mann den Dünkel auszutreiben. ASHANTI

Wer arm ist, aber keine Schulden hat, ist nicht arm. GIKUYU

Der Arme hat einen Freund – der Reiche nimmt ihm den
Freund. IGBO

Dem Wort eines Armen schenkt man zuletzt Beachtung. ZULU

Reichtum wird eingeladen, doch Armut lädt sich selbst ein.
SHONA

Schreit ein armer Mann um Hilfe, wird nur Gott ihm helfen.
OVAMBO

Schmückt sich ein armer Mann mit Gold, sagen die Leute, es sei Messing. ASHANTI

Wenn sich die Gespräche um Geld drehen, hält der Arme den Mund. IGBO

Leidest du unter Armut und fällst zufällig ins kalte Wasser, verbrennst du dich. TSHI

Geht dir das Geld aus, wirst du weise. TSHI

Bei einem Bettler zu betteln ist die Spitze allen Elends.
UGANDA

Aufgepasst!

Ein Mann mit Bart sollte nicht ins Feuer blasen. IGBO

Wer ein weißes Gewand trägt, setzt sich besser nicht in die Nähe eines Palmölverkäufers. NIGERIA

Beißt eine Schlange deinen Nachbarn, bist auch du in Gefahr. SWAHILI

Wird dein Nachbar heute verurteilt, kann es morgen dich treffen. OJI

Nagt die Maus an Steinen, fürchtet sich die Melone. EWE

Das Feuerholz, das zum Brennen bereit liegt, lacht das schon brennende nicht aus. KAMBA

Wer Ziegen überfällt, bricht auch bei Schafen ein. FULBE

Fliegt ein Stein durch die Luft, fürchtet sich der Topf.
NIGERIA

Holz, das schon einmal vom Feuer berührt wurde, entzündet sich leicht wieder. TSHI

Der Jagdhund schläft nicht über der Höhle des Leoparden.
EWE

Bewachst du am Sonnabend nicht die Straße, wirst du den Sonntag zur Flucht benutzen. TSHI

Ausbeutung

Ein Hügel, der nicht möchte, dass man auf ihm herumtritt, darf keine essbaren Pilze wachsen lassen. MENDE

Er macht eine Leiter aus anderer Leute Rücken. TSWANA

Der gute Geschmack der Dattel verhindert, dass sie größer wird. FULBE

Der Arbeiter schuftet in der Sonne, sein Herr isst im Schatten. SWAHILI

Der Topf kocht das Essen, isst es aber nicht. GIKUYU

Einer sät, der andere erntet. SUKUMA

Du machst aus mir ein Boot und du bist das Ruder. SWAHILI

Wer zum Kochen ein großes Bündel Feuerholz verbraucht, denkt nicht an die, die das Holz sammeln muss. GANDA

Als die Ziege erfuhr, dass der Metzger tot war, sagte sie: »Ist sein Messer mit ihm gestorben?« HAUSA

Wer die Schwachen unterdrückt, macht seinem Schöpfer keine Ehre. IGBO

Ausdauer

Ist ein Tier drei Jahre lang angebunden, sagt es nicht am letzten Tag seiner Gefangenschaft: »Heute ist der Strick zu eng.« TWI

Was die Sonne nicht trocknen kann, trocknet auch der Mond nicht. IGBO

Der Tausendfüßler, den der Fuß zertreten hat, kann seine Missbilligung nicht mehr äußern, wohl aber der Fuß, der es getan hat. IGBO

Ein Patient muss bei der Behandlung gelegentlich Unwürdiges auf sich nehmen. TWI

Wer sich von seinen Problemen überwältigen lässt, gleicht dem Mann, der sich gleich beim ersten Streit von seiner Frau scheiden lässt. MADAGASKAR

Ist dein Verfolger nicht müde, so sagst du, der du verfolgt wirst, nicht: »Ich bin müde«. TSHI

Bist du sauber, so hör nicht auf, dich zu waschen. HAUSA

Einer Frau, die entschlossen ist, ist nichts unmöglich. GIKUYU

Ausdauer gewinnt die Schlacht. LUO

Wer langsam geht, kommt weit. LUYIA

Aus einem Strohhalm wird ein Vogelnest. OVAMBO

Der beständige Tropfen lässt die Stelle, auf die er fällt, faulen. UGANDA

Der Schnelle gewinnt nicht immer, aber der Ausdauernde. TSWANA

Fallen und wieder aufstehen, das ist unsere Reise auf dieser Erde. IGBO

Zum Ausdruck bringen

Ein Kind, das nicht schreit, stirbt in der Hängewiege. SHONA

Die Träume eines Taubstummen bleiben in seinem Kopf. TSHI

Bringe deine Bedürfnisse zum Ausdruck, dann erhältst du, was du brauchst. SWAHILI

Wer nicht um Hilfe schrie, sondern geduldig wartete, starb in der Falle. LUYIA

Das Huhn behauptet, es schreie nicht, damit seine Feinde es freiließen, sondern um die Öffentlichkeit auf seinen Zustand aufmerksam zu machen. IGBO

Wir sagen, was der Älteste gesagt hat, nicht, was er denkt. TSHI

Du solltest die Stimme deiner Beschwerde nicht zurückhalten und dann erwarten, gehört zu werden. TSHI

Befriedigung

Ein satter Mensch zielt auf Gott mit seinem Speer. OROMO

Wer genug gegessen hat, wird gedankenlos. GIKUYU

Die Frau, die zu viel gegessen hat, spuckt Honig. GALLA

Kaufst du etwas und gerätst ins Schwitzen, ehe du bezahlst,
bist du zufrieden mit dir selbst. TSHI

Die Satten verachten das Geschenk. UGANDA

Suchst du nach einer Fliege in deinem Essen, hast du genug.
PEDI

Hat ein Kind das gegessen, weshalb es wach geblieben war,
wird es schlafen. IGBO

Begehren

Isst ein Mensch, was er hat, begehrt er, was er nicht hat. IGBO

Einen zahnlosen Menschen verlangt es nach Fleisch. OROMO

Begehren schafft Fesseln. GIKUYU

Würde klares Wasser alles Verlangen stillen, bisse der Fisch
nicht an. TSHI

Willst du nicht frieren, suche die Nähe des Feuers. NAMIBIA

Die Augen jener, die essen werden, und jener, die nicht essen
werden, schauen auf die Kuh, die geschlachtet wird. GANDA

Die Hand greift nach dem, was das Auge gesehen hat. EWE

Deine Wünsche lassen dich wegwerfen, was du hast. UGANDA

Der Pfad führt nie dorthin, wo das Herz zu sein wünscht.
SHONA

Beispiel geben

Ein gerader Baum stützt den krummen. TSHI

Beispiele haben Kinder. TSHI

Ist jemand durch Stolpern zu Tode gekommen, rennt man
nicht zur Beerdigung. TSHI

Geht der Anführer nicht aufrecht, werden seine Gefolgsleute
es auch nicht tun. TSONGA

Trägst du dein Baby bei dir und stiehlst, zeigst du ihm, wie man das macht. UGANDA

Jemand schaut zu, wenn ein anderer handelt. MAMPRUSSI

Die lebende Gazelle lernt von der toten. CHAGGA

Beleidigung

Eine schwere Beleidigung, ein schwerer Schlag. EWE

Ein Mann wird mich nicht öffentlich beleidigen und sich privat entschuldigen. HAUSA

Wer dich beleidigt, ist mit Worten nicht wählerisch. SWAHILI

Machst du dich über die Schüssel lustig, lachst du den Töpfer aus. GANDA

Spottest du über eine unverschämte Person, musst du ihre Antwort fürchten. GANDA

18

B

Benehmen

Ein Erwachsener, der sich wie ein Kind benimmt, sollte wie ein Kind zur Ordnung gerufen werden. IGBO

Ein Hund mit einem Knochen im Maul bellt nicht. SHONA

Tu, was richtig ist, und vergiss, was gewünscht wird. FULBE

Hüpft ein Mann wie eine Ratte, wird die Katze ihn fangen. IGBO

Wenn du den Marktplatz gar nicht erst betrittst, ist es nicht schwer, wieder fortzugehen. MAMPRUSSI

Gehst du auf die Insel Pemba, so setz dir einen Turban auf. SWAHILI

Es ist besser eine Einladung abzulehnen als sie anzunehmen und nicht hinzugehen. MADAGASKAR

Wer kein gutes Benehmen hat, achtet andere Menschen nicht. SWAHILI

Wenn du aus einem Narren Nutzen ziehst, ist eine weise Frau in der Nähe, die dich dabei beobachtet. TSHI

● ●

Wichtig ist nicht, wo du bist, sondern, was du tust, wo du bist.
SWAHILI

Den Gast, der den Topf zerbrochen hat, vergisst man nicht.
KWELI

Willst du an einem Ort bleiben, so achte darauf, wie du dich
benimmst. TSHI

Wen eine Frau meidet, den liebt sie. YORUBA

Erst wenn ein Junge sich die Hände ordentlich waschen kann,
isst er mit den Ältesten. TSHI

Wenn sich zwei im Wasser streiten, werden beide nass.
MADAGASKAR

Weiße Kleidung zieht aller Aufmerksamkeit auf sich. SHONA

Ein Mensch ohne Selbstdisziplin kann nicht gewarnt werden.
HAYA

Gehst du ins Haus einer Freundin und sie sitzt auf dem Boden,
bittest du nicht um einen Stuhl. TSHI

Freundlichkeit und Güte in allem Tun, das ist die Ehre des
Weisen. ALTÄGYPTEN

Etikette ist wie ein Gesetz. SWAHILI

Gutes Benehmen ist Zivilisation. SWAHILI

Das Kind, das sich vor niemandem fürchtet, wird kein gutes
Benehmen lernen. YORUBA

Kommt man in ein Land, in dem die Menschen sich die
Ohren abschneiden, muss man es ihnen gleich tun. IGBO

Wer ins Haus eines anderen geht, lässt sein schlechtes
Benehmen draußen vor der Tür. RUANDA

Entschuldigst du dich, ehe du etwas Schlechtes sagst, wird es
nicht schlecht aufgenommen. TSHI

Der kleine Vogel lädt nur aus Höflichkeit den Elefanten in sein
Nest ein. SHONA

Einer, der zu oft Dankeschön sagt, isst dir alles leer. GANDA

Freundliche Worte und Höflichkeit zähmen auch den Grausamsten. HAYA

Höflichkeit ist Gold. SWAHILI

Verneigst du dich zum Gruß vor einem Zwerg, hindert dich das nicht daran, dich wieder zu deiner vollen Größe aufzurichten. HAUSA

Wo Fliegen gegessen werden, iss du sie auch! UGANDA

Beobachtung

Ein Fisch hat Wasser, doch sieht er keine Seife, womit er sich waschen kann. IGBO

Wer vor dir hergeht, schenkt dir Weisheit. GANDA

Beugst du dich vor, um jemanden von unten anzuschauen, wird ein anderer dich ebenso von unten anschauen. EWE

Zu langes Hinschauen macht blind. FIPA

Man sucht nach etwas dort, wo es vermutlich zu finden ist. HAYA

Beschuldigung

Gib nicht dem Erdboden die Schuld, wenn du fällst, sondern dem Hindernis, über das du stolperst. SWAHILI

Einer, der nicht tanzen kann sagt, der Tanzplatz sei steinig. GIKUYU

Keiner brät faules Fleisch, gibt es seinem Freund zu essen und sagt dann: »Du riechst aus dem Mund!« TSHI

Eine stinkende schwarze Ameise stinkt, weil du dort vorübergehst, wo sie herläuft. KAONDE

Wer mit dem Kuhfell geschnappt wird, ist der Dieb. SWAHILI

Der Kopf, der die Wespen stört, bekommt auch die Stiche. IGBO

Man fürchtet jenen, der einen auf einen Botengang schickt, und nicht jenen, zu dem man geschickt wird. YORUBA

Zuerst muß man dem Dieb die Schuld geben, ehe man die
Besitzerin rügt, weil sie ihren Besitz nicht richtig verwahrt hat.
YORUBA

Wenn einer sauberer Mensch die Luft verpestet, beschuldigen
die Leute oft den in ihrer Mitte, der schmutzig ist. LUYIA

Ist es der Pächter, der des Herrn Frau verführte, oder der
Herr, der des Pächters Frau verführte – immer muß der
Pächter gehen. IGBO

Besitz

Ein Vogel fliegt nur mit dem davon, was er gefressen hat.
GIKUYU

Dem Vogel gehören die Baumwipfel und der Antilope die
Wege. IGBO

Ein Ei im Mund ist besser als Küken im Nest. NIGERIA

Jeder erwirbt Besitz – weise ist, wer seinen Besitz zu wahren
weiß. ALTÄGYPTEN

Gold in der Hand sieht wie Kupfer aus. GURAGE

Besitztümer schädigen ihren Besitzer, weil sie ihn eitel
machen. TSWANA

Der eine verachtet, was der andere besitzt. OVAMBO

Die Frau, die auf ihrem eigenen Land lebt, lebt, wie es ihr
gefällt. GANDA

Nicht der Erwerb ist schwierig, sondern der Erhalt. MAASAI

Eine Kaurimuschel ‚die dir gehört, ist besser als die Million
deines Vaters oder deiner Mutter. HAUSA

Ernten ist nicht so schwierig wie die Ernte erhalten. GIKUYU

Was dein eigen ist, ist dein eigen, auch wenn es schlecht ist.
SWAHILI

Du magst wenig besitzen, doch was du besitzt, gehört dir.
GANDA

B

Dein eigenes kleines Haus ist besser als das große deines
Nachbarn. SWAHILI

Was ein Mann besitzt, ist nicht stärker als er. KANURI

Sobald du etwas Kostbares erworben hast, verliert es seine
Schönheit. TSHI

Vertraue einem Freund nicht an, was dir nicht gehört.
UGANDA

Es ist leichter, jemanden davon abzuhalten, dein Haus zu
betreten, als es zu verlassen. GANDA

Pass auf, dass der, dem du eine Geldstrafe erlässt, dir nicht
deinen Besitz zerstört. GANDA

Beteiligt sein

Wer verfolgt und wer verfolgt wird, ermüdet. GIKUYU

Wer zwischen zwei Brüder gerät, wenn sie sich streiten, wird
seinen Platz zwischen ihnen finden, wenn sie sich versöhnt
haben. ALTÄGYPTEN

Kitzelt etwas in der Nase, tränen die Augen. HAUSA

Wenn grüne Blätter brennen, was ist dann mit den trockenen?
TEMNE

Willst du nicht an einen bestimmten Ort gehen, fragst du auch
nicht nach dem Weg. MAMPRUSSI

Man greift nur da ein, wo man selbst betroffen ist. YORUBA

Wer mit Schmutz um sich wirft, beschmutzt sich auch selbst.
SWAHILI

Der Wind, der grüne Bäume umwirft, lässt die dürren nicht
stehen. TEMNE

Der Fuß, der auf dem Weg voranschreitet, tritt in die Dornen.
JABO

»Der Himmel wird einstürzen!« geht nicht nur einen
Einzelnen an. YORUBA

Der Topf riecht nach dem, was darin gekocht wurde. SWAHILI

Der Dieb schwatzt nicht über seinen Komplizen. JABO

Nur der weiß, was versteckt ist, der es versteckt hat. HAYA

Bricht das Bein, vergießt das Auge Tränen. SHONA

Die Schlingpflanze lacht nicht über einen brennenden Baum.
EWE

Böses

Eine heimtückische Schlange beißt sich gelegentlich selbst in
den Schwanz. TSWANA

Wer das Böse aufdeckt, verhilft der Wahrheit ans Licht.
SHONA

Wer Böses sucht, findet es. GIKUYU

Tust du etwas Böses, wirst du es nie vergessen. TSHI

Siehst du Unrecht und Böses und sprichst nicht dagegen, wirst
du sein Opfer. AFRIKA

Das Gift des Krokodils, der Schlange und des Bösen lässt sich
nicht beseitigen. ALTÄGYPTEN

Menschen werden vom Bösen gefressen, weil sie seine
Gesellschaft suchen, nicht weil sie es meiden. GIKUYU

Der Übeltäter hat immer Angst. YORUBA

Plant einer Böses zu tun, lacht er über guten Rat. TSHI

Siehst du immer nur das Gute, darfst du das Böse nicht
vergessen. MONGO

Charakter

Es gibt Leute, die bitten jemanden darum, ein Huhn für sie zu
versorgen, und zählen dabei die Eier, die das Huhn legt,
während es dort ist. Und dann gibt es Leute, die schenken
einem anderen ein Pferd mitsamt Sattel. YORUBA

Nicht einmal der Regen vermag den Charakter eines
Menschen wegzuwaschen. HAUSA

Charakter ist wie ein Gott – je nachdem, wie du dich benimmst, wird er dir helfen. YORUBA

Charakter ist wie eine gerade Linie auf einem Felsen. FULBE

Jemanden mit Hilfe deines Charakters wegjagen ist besser als mit Hilfe eines Stocks. HAUSA

Du kannst einen krummen Rücken haben, aber keine krummen Prinzipien. SUKUMA

Hasst dich jemand, dann lass dich nicht dabei ertappen, dass du selbst Hass hegst. TSHI

Ein schüchterner Mensch genießt die Welt nicht. NUPE

Öffne nicht jedermann dein Herz, damit du deinen eigenen Wert nicht minderst. ALTÄGYPTEN

Um edelmütig zu sein, braucht es keine edlen Vorfahren. SWAHILI

Die mir etwas gab, ist dieselbe, die dir etwas vorenthalten hat. SWAHILI

Wer sich über einen Krüppel lustig macht, wird selbst zum Krüppel. SWAHILI

Wer seinen Mund hält, was seine eigenen Angelegenheiten anbelangt, wird finden, dass auch sonst niemand davon Notiz nimmt. YORUBA

Trittst du jemandem schüchtern gegenüber, scheint es, als fürchtest du dich. TSHI

Die höfliche und schüchterne alte Dame ließ es zu, dass die Menschen sie lebendig begruben. UGANDA

Die Schüchternen bleiben hungrig. UGANDA

Blätter am Baum drehen sich nach dem Wind. MAMPRUSSI

Dankbarkeit

Ein Geschenk wird nicht verachtet. OVAMBO

Sage dem Baum Dank, damit er noch mehr Früchte bringe. SHONA

Wirf Gott nicht vor, dass er den Tiger schuf, sondern danke ihm, dass er ihm keine Flügel gegeben hat. AMHARISCH

Brich nicht den Ast ab, auf den du geklettert bist. OVAMBO

Verachte nicht die Brücke, über die du gegangen bist. SWAHILI

Dankbarkeit ist nicht Unterwürfigkeit. SWAHILI

Einem nächtlichen Begleiter dankst du in der Morgendämmerung. BEMBA

Wer ein Geschenk erhält, misst nicht, wie viel es ist. GIKUYU

Tust du hundert Menschen Gutes und nur einer dankt dir dafür, so ist nichts davon verloren. ALTÄGYPTEN

Wirst du nicht mit dem das Fleisch teilen, der dich gelehrt hat, die Falle aufzustellen? GANDA

Verachte nicht den Busch, der dir Schatten spendet. ZULU

Der Hund wedelt mit dem Schwanz eher für den, der ihm Futter gibt, als für seinen Besitzer. OROMO

Vom Fleisch des Elefanten spricht man nie ohne den Namen des Jägers. TSHI

Ein Stück Fleisch kann nie so zart sein, dass du darüber den vergisst, der es gebraten hat. LUYIA

Wenn die Cocoyams einer Frau eine gute Ernte gebracht haben, wird sie an den denken, der die Pflanzen für sie setzte. IGBO

Davongekommen

Deinen guten Ruf zu retten ist besser als deinen Reichtum zu retten. HAUSA

Kannst du über den Unfall sprechen, hast du überlebt. SHONA

Das Tier, das sich nicht aus der Falle befreien will, wird sterben. GANDA

Diebstahl

Ein Dieb und die Dunkelheit sind Freunde. SHONA

»Ich bin hineingegangen, habe aber nichts mitgenommen«, rettet einen Dieb nicht. HAUSA

»Das gehört meinem Vater, also kann ich es nehmen; das gehört meiner Mutter, also kann ich es nehmen« – so kommt ein Kind zum Stehlen. TSHI

Man muss mit den Augen sehen, nicht mit den Händen. GREBO

Zum Stehlen gehört Mut. TSHI

Nehmen, ohne es zuzugeben, ist Diebstahl. IGBO

Diebe treffen ihre eigene Auswahl. TSWANA

Erwischst du einen Dieb, wird er sagen, es sei das erste Mal. IGBO

Bringst du dir selbst das Stehlen bei, so bring dir auch das Weglaufen bei. SUKUMA

Stehlen ist eine Schande, nicht Armut. TSHI

Er stiehlt ein wenig, es wird übersehen, danach stiehlt er viel. OVAMBO

Dienen

Ein kleiner Dienst aus Freundschaft ist mehr wert als ein großer Dienst, zu dem man gezwungen wird. GANDA

Ein Schneider sucht nicht das Tuch aus. SWAHILI

Diene einem Weisen, damit er dir dienen mag. ALTÄGYPTEN

Heute zu dienen heißt nicht, dass man in Zukunft nicht selbst bedient wird. GIKUYU

Dilemma

Verschluckst du dich an einer Schlange: Ziehst du daran, bricht sie ab, lässt du sie los, rutscht sie herunter. OROMO

Schön sein bedeutet Schwierigkeiten, hässlich sein ist langweilig. IGBO

Gibst du nicht freiwillig, wirst du bestohlen. HAYA

Eine Schlange im Busch ist leicht zu bekämpfen, ist sie aber im Haus, wird sie zum Problem. SHONA

O Eidechse auf dem Rand des Wassertopfs – erschlage ich dich, zerschlage ich den Topf, lasse ich dich, verdirbst du das Wasser. HAUSA

Man kann nicht beides haben – Feste feiern und reich werden. ASHANTI

Ein Mann hat zwei Messer – das mit dem Griff ist stumpf und das scharfe hat keinen Griff. IGBO

Die Ziege sagt, die Krankheit ihres Besitzers bereite ihr Sorgen: Verschlechtert sich die Krankheit, verlangt der Heiler eine Ziege als Opfer; erlangt der Besitzer seine Gesundheit wieder, wird eine Ziege benötigt, um die Genesung zu feiern. YORUBA

Bei der Trennung fließen Tränen, beim Zusammensein gibt es Streit. SWAHILI

Diskret und indiskret

Schmutzige Kleider wäscht man im Hinterhof. SWAHILI

Familienangelegenheiten gehören nicht in die Öffentlichkeit. GIKUYU

Der Busch hat Ohren. KAMBA

Im Haus gibt es Probleme, doch unter der Türschwelle verschwinden sie. MAMPRUSSI

Du kannst dich nicht auf den Rücken küssen und auch nicht alle Dinge sagen. OROMO

Drohungen

Das Zischen der Schlange ist wirksamer als das Geschrei des Esels. ALTÄGYPTEN

Eine Drohung und ein Kampf sind nicht dasselbe. MONGO

Ein bellender Hund verwehrt mir nicht den Durchgang.
KAMBA

Die bösen Augen des Froschs halten die Kuh nicht vom
Trinken ab. SUKUMA

Donner ist nicht Regen. GIKUYU

Dummheit

Ein Huhn, das vor dem Habicht gerettet wurde, weil man es
einsperrte, beschwerte sich, dass es nicht auf dem Misthaufen
fressen durfte. YORUBA

Ein gesprungener Teller lacht den zerbrochenen aus. SHONA

Nur ein Dummer schlägt mit der Hand nach dem
Stachelschwein. MAMPRUSSI

Willst du einem Affen beibringen, wie man klettert? TSWANA

Sei nicht wie der Igel, der eine Laterne fürchtet, nicht aber
den Blitz. MADAGASKAR

Gegen Dummheit gibt es keine Medizin. SUKUMA

Er will einer Mamba bis in ihre Höhle nachjagen. ZULU

Sie hat einen Löffel, doch ihre Hand ist verbrannt. FULBE

Geht jemand in den Busch und wird von Dornen zerstochen,
obwohl ein Weg existiert, dann wollte er es nicht anders.
MAMPRUSSI

Trifft das Schwert auf einen Felsen, muss es dafür zahlen.
TSHI

In einem Teich mit Krokodilen schwimmt man nur einmal.
SHONA

Nur das Schaf des Dummen reißt sich zweimal los. IGBO

Bitte nie darum, dir zu sagen, was offensichtlich ist. KURIA

Niemand sollte Wasser aus der Quelle holen, um den Fluss zu
speisen. YORUBA

Einer, der keine Ameise aufheben kann und einen Elefant aufheben will, wird eines Tages seine Dummheit einsehen. JABO

Das Reisigbündel auf dem Trockenständer lacht über das Reisigbündel im Feuer. GIKUYU

Die Reise der Dummheit muss ein zweites Mal angetreten werden. BONDEI

Nur ein dummer Hund jagt einen Elefanten. UGANDA

Der Dumme sagt: »Sie hassen mich«, will man ihm guten Rat geben. UGANDA

Hast du einen Leoparden in den Pferch gesperrt, wird dein Bedauern kein Ende nehmen. SWAHILI

Während der Wald brennt, lacht der junge Affe. UGANDA

Du hast dein Eigentum für etwas weggegeben, dessen du nicht sicher bist. XHOSA

Ich zeigte dir den Mond, und du sahst nichts als meinen Finger. SUKUMA

Spricht ein Dummer die Wahrheit, glaubt man ihm nicht. OVAMBO

Aus purer Dummheit und Unerfahrenheit fordert die Ratte die Katze zu einem Kampf heraus. YORUBA

Achtung vor einem Dummen ist Dummheit. SWAHILI

Dummheit duldet Weisheit nicht. OVAMBO

Die Hyäne zu grüßen ist die Dummheit der Ziege. HAUSA

Ehre und Unehre

Die Hölle verspricht Entsetzen und Unehre. TAMASHEK

Ehre kommt nicht von allein, sie muss herbeigebracht werden. SWAHILI

Wirst du geehrt, ehre dich selbst dafür. TWI

Ehre ein Kind, und es wird dich ehren. ILA

Nichts ist so schmerzlich als entehrt zu werden. TSHI

Ehrlichkeit

Zu lange ehrlich – zu lange arm. BAJAN

Wer nicht offen mit dir spricht, ist nicht dein Freund.
NDONGA

Bewegt sich deine Tochter beim Tanzen ungelenk, sag ihr: »Du bist ungelenk beim Tanzen«, sag ihr nicht: »Mein liebes Kind, tanze, wie es dir gefällt.« TWI

Eine gerade Straße hat keine Windungen. EFIK

Wer seine Steuern zahlt, hat nichts zu fürchten. TSONGA

Eigeninteresse

Ein Mann besucht seine Frau nicht mit einem anderen, der besser aussieht, als er selbst. IGBO

Wem kalt ist, dem muss man nicht das Feuer zeigen. LUYIA

Wer um einen Kopf kämpft, kämpft um seinen eigenen.
SHONA

Dass wir haben, ist besser, als dass sie haben. MAMPRUSSI

Übernimmt ein junger Mensch Besorgungen, erledigt er seine eigenen gleich mit. SHONA

Versteht jemand es nicht, seinen Sieg über einen anderen öffentlich zu machen, wird sich der Besiegte über ihn in der Öffentlichkeit hermachen. IGBO

Man repariert das Haus, in dem man wohnt. IGBO

»Es gehört mir« ist besser als »Es gehört uns«. FULBE

Niemand knackt mit seinen Zähnen Palmnüsse für den Nachbarn. TSHI

Niemand zwingt den Affen, die Frucht der Tamarinde zu fressen. TSHI

Das Tier, das steht, wartet nicht, bis ein anderes sich niederlegt. SHONA

Vor dem Gericht des Leoparden wird das Schaf immer schuldig gesprochen. EWE

Welche Freundlichkeit wäre das, würde eine Katze eine Ratte zum Spielen einladen? SHONA

Hat man gerade genug Geld für die eigenen Bedürfnisse, gibt man keine Darlehen. TSHI

Eigenliebe

Die Lebensart eines Menschen ist in seinen eigenen Augen gut. JABO

Jemanden zu helfen bedeutet nicht, sich selbst zu vernachlässigen. MAMPRUSSI

Wunden stinken, außer den eigenen. SHONA

Ich habe mich lächerlich gemacht und sage, die andern sollen nicht lachen. TSHI

Man ist sich selbst der größte Feind. ZULU

Er fällte einen Baum und stolperte darüber. GA

Wer sich selbst verletzt, darf nicht um Mitleid betteln. SWAHILI

Du hast das Feuer angezündet, nun hast du den Rauch in den Augen. SWAHILI

Eigenständigkeit

»Werde unabhängig!« ist keine Beleidigung. TSHI

»Komm schnell wieder!« ist nicht so gut wie sich selbst auf den Weg machen und die Sache holen. TSHI

Ein Pferd bringt dich aufs Schlachtfeld, aber es kämpft nicht. GURAGE

Ein Einzelkind kämpft allein, wenn sich ihm Schwierigkeiten in den Weg stellen. GUSII

Weil er jemanden losschickte, ihm einen Schwanz zu holen, hat der Klippschliefer bis heute keinen. SHONA

Wer selbst zum Einkaufen geht, trägt seine Einkäufe auch.
GIKUYU

Durst kann nicht in Vertretung gestillt werden. MONGO

Wer kein Kind hat, muss seine Beine dazu überreden, die Botengänge zu machen. LUYIA

Wer sich um seine eigenen Angelegenheiten kümmert, hat keine Probleme. GIKUYU

Die Arbeit wird getan, wenn man sie tut. GIKUYU

Wem übersetzt wird, der muss sich auf den Dolmetscher verlassen können. GIKUYU

Eigensucht

Er handelt wie ein Hund, der die Fliegen von seinem verschmähten Futter vertreibt. JABO

Lieber lasse ich meine Kuh hier sterben, als dass sie bei dir ihr Kalb bekommt. UGANDA

Der zuerst eintrat, schloss den anderen die Tür vor der Nase zu. OROMO

Muss ich schwere Arbeit tun, rufe ich meine Freunde, um mir zu helfen; finde ich aber einen gut gesalzenen Aal, brauche ich keine Hilfe. MADAGASKAR

Wenn ich daran denke, lache ich, denn es geht mich nichts an.
GANDA

Eile und Weile

Wer zu schnell klettert, fällt schnell. SWAHILI

Liebst du eine Frau zu schnell, liebst du sie schnell nicht mehr.
YORUBA

Lieber gute Weile haben und gut ankommen. SWAHILI

Verzögerungen zerstören alle Arbeit. HAUSA

An der Seite von: »Ich werde das tun« stand: »Noch nicht getan.« GIKUYU

Lieber die kleine schnelle Tat als die große Tat dessen, der alles hinauszögert. ALTÄGYPTEN

Dem, der »Jetzt« sagt, antwortet man nicht »In einer Stunde«. SWAHILI

Was schnell reift, fault schnell. GANDA

Einigkeit und Uneinigkeit

Ein weißer Hund beißt keinen anderen weißen Hund. GIKUYU

Ein Stab kann gebrochen werden, doch nicht ein Bündel Stäbe. SWAHILI

Zwei auseinander gebrochene Hälften machen ein Ganzes. OROMO

Einigkeit ist Stärke, Spaltung ist Schwäche. SWAHILI

Ein Boot kommt nicht voran, wenn jeder auf seine Art rudert. SWAHILI

Menschen, die sich nicht eins sind, können mit einem einzigen Prügel besiegt werden. GIKUYU

Einsamkeit

Ein schlechter Mensch ist besser als ein leeres Haus. GA

Allein essen ist wie allein sterben. MAMPRUSSI

Wer allein lebt, streitet nicht. GIKUYU

Einsamkeit schmerzt. TWI

Die Wälder sind nicht herzlos, auch sie trösten. SÜDL. AFRIKA

Was du allein tust, bringt dir keine Tränen. SHONA

Einsicht und Verstehen

Ich mag jene nicht, die zu schnell meine Grenzen und meine Möglichkeiten durchschauen. UGANDA

Kennst du den Charakter eines Menschen, kannst du beruhigt mit ihm leben. HAUSA

Das Auge des Herzens sieht vieles. SWAHILI

Wem man in beide Ohren flüstert, versteht man nichts.
GIKUYU

Wer sagt: »Ich habe nicht verstanden«, ist nicht dumm.
SWAHILI

Nicht das Auge begreift, sondern der Verstand. HAUSA

Etwas sehen heißt nicht etwas wissen. TSONGA

Die Fähigkeit zu sehen zeigt einem Menschen den richtigen
Weg. GIKUYU

Zu großer Eifer ist der Tod allen Verstehens. SWAHILI

Eitelkeit

Unkraut, das unter Bohnen wächst, denkt: »Ich bin auch
Bohne«. SHONA

Einen Blinden kümmert der Verlust einer Brille nicht. HAUSA

Eltern

Eine schlechte Angewohnheit eines Kindes kann korrigiert
werden, doch keine, die es von seinen Eltern hat. UGANDA

Ein Esel kann kein Pferd zeugen. MAMPRUSSI

Eltern sind barmherzig. GIKUYU

Obwohl ein Pavian ängstlich ist, läßt er es nicht zu, dass seine
Jungen angefasst werden. SHONA

Wer weder Vater noch Mutter hat, dem mangelt an Weisheit.
OVAMBO

Wer Kinder geboren hat, sollte geduldig sein. SHONA

Wer die Kinder seines Freundes liebt, wird gewiss seine
eigenen Kinder lieben. JABO

Das Huhn, das Kinder hat, schluckt den Wurm nicht selbst.
SUKUMA

Sie zeugen den Körper, doch sie zeugen nicht das Herz.
TSONGA

Wer fürchtet, dass sein Kind weint, wird selbst weinen.
SWAHILI

Weichherzige Eltern machen das Kind hart. UGANDA

Ende

Auch der längste Weg geht einmal zu Ende. MAMPRUSSI

Hüpfen und Springen und maßvolles Gehen – alles endet am
Ufer des Meeres. TSHI

Der Fehler des Vergnügens ist, dass es ein Ende nimmt.
HAUSA

Was ein Ende gefunden hat, ist nicht mehr wichtig. GANDA

Wenn die Leiche begraben ist, stinkt sie nicht mehr. IGBO

Wer läuft und wer geht – beide kommen an dasselbe Ziel.
IGBO

Enthüllungen

Ein Geheimnis, das zwei sich teilen, ist kein Geheimnis mehr.
HAYA

Ein Dieb stiehlt in der Nacht, er wird am Tage erwischt.
ALTÄGYPTEN

Eine Frau verbirgt den Penis, sie verbirgt nicht den Bauch.
MAMPRUSSI

Wer heimlich Felder bestellt, den verrät der Rauch. CHAGGA

Versteckt man einen Kranken, wird man durch sein Stöhnen
verraten. SUKUMA

Was einer im Herzen hat, sind keine Beweise. GIKUYU

Hebt jemand einen Stein, kommt ans Licht, was darunter liegt.
EWE

Teilt man von Hand zu Hand, stellt sich heraus, wer geliebt
wird. IGBO

● ●

Man kennt den, der spricht, nicht den, der schweigt. OVAMBO

Wer einen Furz lässt, ist böse auf den, der ihn hört. FULBE

Leg dich zum Sterben nieder, und du wirst sehen, wer dich liebt. HAUSA

Verirrst du dich, lernst du den Weg kennen. SWAHILI

Was du heimlich tust, sehen andere heimlich. TWI

Entscheidungen

Ein Mensch wird das, was er werden will. SWAHILI

Sticht man sich aus eigenem Entschluss mit einem Dorn, schmerzt es nicht. NYIKA

Kommt man in einem fremden Land an eine Wegkreuzung, bleibt man stehen und denkt nach. JABO

Hast du dich entschlossen, einen Hund zu essen, dann iss einen fetten. UGANDA

Einer, der auswählt, ist nie ohne Wünsche. SWAHILI

Hält einen der Fluss davon ab, ihn zu überqueren, kann er einen nicht hindern umzukehren. HAUSA

Das Fleisch, das man selbst auswählt, hat keine Knochen. GIKUYU

Hast du beschlossen, einen Fluss zu durchwaten, beklag dich nicht darüber, dass dein Bauch nass wird. EWE

Die Last, die man für sich selbst schnürt, ist nie zu schwer. SWAHILI

Der Mund nimmt, was die Augen für gut befinden. IGBO

Weggehen ist kein Hindernis fürs Zurückkommen. GIKUYU

Wenn eine Frau zum Tanzen geht, sucht sie sich den aus, der besser tanzt als ihr Mann. IGBO

Die Taube, die nur eine Nahrungsquelle hat, wird wahrscheinlich verhungern. GIKUYU

36

E

Enttäuschungen

Feuer gebiert Asche. SUKUMA

Gefällt dir etwas nicht, schmeckt auch alles andere bitter.
TSHI

Es ist enttäuschend, von dem Menschen, den man liebt, nicht
wiedergeliebt zu werden. YORUBA

Nicht nur ein einziger Mensch auf der Welt erfährt
Enttäuschungen. MAMPRUSSI

Nicht alle Blüten bringen Früchte. SWAHILI

Herzenswünsche erfüllen sich nie. GIKUYU

Enttäuscht zu werden ist schlimmer als überhaupt nicht
hinzugehen. TSHI

Die Frau, deren Kinder sterben, sucht keine neuen Namen
mehr. UGANDA

Erfahrung

»Das ist mir schon einmal widerfahren«, sagte das alte Huhn
und ergriff die Flucht, als es den Habicht sah. YORUBA

Aus schlechter Erfahrung lernt man. HAYA

Ein Junger, der herumgekommen ist, weiß mehr, als der Alte,
der zu Hause sitzt. IGBO

Eine Waise wird früh zum Erwachsenen. NAMIBIA

Nur beim Probieren entdeckt man das Schlechte im Essen.
GIKUYU

Der Hund sagt, durchs Beißen werden seine Zähne stark.
IGBO

Der Appetit kommt mit dem Essen. UGANDA

Verschlucken lehrt dich, ordentlich zu kauen; hinfallen lehrt
dich, ordentlich zu gehen. MADAGASKAR

Wer den Weg kennt, benutzt ihn. ZULU

Wer sagt: »Es ist ausgezeichnet«, muss es versucht haben.
HAYA

Wenn ich ihre Streifen sehe, glaube ich, dass es Zebras sind.
TSWANA

Kriecht der Leguan aus dem Fluss und sagt, das Krokodil sei krank, zweifelt niemand daran. TWI

Trägst du mich nicht, weißt du nicht, wie schwer ich bin.
MAMPRUSSI

Erst wenn wir gefallen sind, wissen wir unsere Last besser zu verteilen. YORUBA

Erfahrung lässt sich nicht an einem einzigen Ort sammeln.
GANDA

Einer, der nicht herumkommt, weiß nur wenig. HAYA

Wer sagt: »So etwas habe ich noch nie gesehen«, ist noch nicht erwachsen. SWAHILI

Was mich gestern gebissen und mir Schmerzen zugefügt hat, kriecht nicht ein zweites Mal über mich. SWAHILI

Das löchrige Netz ist eine Lektion für die Vögel im Busch.
YORUBA

Der Taube, der nicht hört, wenn Regen droht, weiß Bescheid, wenn die ersten Tropfen auf ihn fallen. IGBO

Wer vor dir geboren wurde, erblickte die Sonne vor dir.
SWAHILI

Die schwangere Frau hat keine Angst vor dem Penis ihres Mannes. OVAMBO

Die ungeschützte Stadt hat nie Feinde gehabt. NAMIBIA

Selbst Dummheit ist von Nutzen. TSHI

Wer mit Hilfe der Zähne klettert, kennt Bäume mit bitterer Rinde. NIGERIA

Den undurchdringlichen Wald kennst du erst, wenn du einen Tag darin verbracht hast. GIKUYU

Was gibt es in den Yamsknollen, das das Messer nicht kennt?
TEMNE

Wer fällt, lernt die Beschaffenheit des Bodens kennen. IGBO

Schlägt dich ein Zweig ins Auge, sagt er dir: »Pass auf!«
UGANDA

Wen seine Mutter nicht lehrt, den wird die Welt lehren.
SWAHILI

Wenn du wissen willst, wie die Geschäfte auf dem Markt
laufen, mußt du dorthin gehen. OROMO

Wir fangen als Narren an und werden weise durch Erfahrung.
MAASAI

Überprüfe lange und behalte lange Recht. MADAGASKAR

Bleibt etwas im Dunkeln, tauche auf den Grund. YORUBA

Hast du das Wasser nicht geprüft, weißt du nicht, dass es tief
ist. MAMPRUSSI

Du kennst nicht den Inhalt eines Pakets, solange du es nicht
geöffnet hast. NIGERIA

Erfolg und Misserfolg

Wer sagt: »Das ist zu viel für mich«, versucht es erst gar nicht.
GANDA

Schnelles Laufen ist keine Gewähr dafür, dass man das Ziel
erreicht. SHONA

Ausrutscher sind häufiger als Stürze. GIKUYU

Was du auf dem Feld deines Lebens anbaust, ist wichtiger als
die Größe des Feldes. SWAHILI

Das Kind, das im Leben erfolgreich sein wird, hat nicht nur
auf einer weichen Matte geschlafen. TSHI

Nur im Vorwärtsgehen gelangt man ans Ende einer Reise.
OVAMBO

Der Kleine kann wie der Große werden, doch der Große kann
nach nichts Größerem mehr streben. TSHI

Zielen ist nicht dasselbe wie treffen. SWAHILI

Jene, die Erfolg gehabt haben, vergessen, wer ihnen dazu verholfen hat. GANDA

Versuchen heißt Erfolg haben. GIKUYU

Erinnerung

Es ist immer leichter, sich an ein verweigertes Geschenk zu erinnern als an eins, das du erhalten hast. GIKUYU

Vater und Mutter sterben, doch nicht im Herzen der Kinder. GANDA

Die Hyäne vergisst nicht, wo sie einen Knochen gefressen hat. TONGA

Die Kälte des vergangenen Jahres hat sich zusammen mit dem Feuerholz davongemacht. HAUSA

Durch das, was wir getan haben, werden wir in der Erinnerung der Menschen bleiben. IGBO

Der Mund mag lächeln, doch das Herz vergißt nicht. UGANDA

Siehst du die Asche, kannst du dir nicht vorstellen, wie hell das Feuer einmal war. HAYA

Erziehen und lernen

Erziehung hört nie auf. SWAHILI

Wird er gut erzogen, kann selbst ein Ochse lernen. NAMIBIA

Wer unterrichtet wurde, ist ein gebildeter Mensch. GIKUYU

Was wir einem Kind beibringen, lernt es. JABO

Man muss aus seinem Haus heraustreten, um zu lernen. AFRIKA

Wer keine Fragen stellt, lernt nichts. SWAHILI

Wer fleißig studiert, lernt immer weiter. SWAHILI

Lernen ist das Licht, das zu allem Schönen führt. SWAHILI

Aus dem eigenen Haus treten heißt lernen. GIKUYU

Benutzt du deinen Reichtum, geht er zu Ende; benutzt du dein Wissen, vermehrt es sich. SWAHILI

Wer nicht von seiner Mutter unterwiesen wird, den wird die Welt unterweisen. SWAHILI

Ein Kind wächst, so wie es erzogen wird. SUKUMA

Füttert man Kinder mit dem Löffel, werden sie faul. SHONA

Ein scharfes Messer ist geschliffen worden. GIKUYU

Ein Schmied wird nicht geboren. OVAMBO

Das Kind des Geiers frißt Kot, weil es nichts anderes gelernt hat. TSHI

Essen

Ein Fest ist schön, wenn ein anderer es ausrichtet. IGBO

Nahrungsmittel sind keine schwere Last. OVAMBO

Schlechtes Fleisch ist besser als gar kein Fleisch. GANDA

Wer das Essen gekocht hat, hat es gut gemacht, wer es isst, ist noch besser dran. IGBO

Nur jene, die sie nicht essen, riechen den Gestank der Ginsterkatze. KAONDE

Selbst in schwierigen Zeiten muss man essen – der Mund kennt keine Sorgen. THONGA

Es gibt keinen Gott wie den Mund – er fordert tägliche Opfer. NIGERIA

Was man nicht als einzelne Speise essen will, nimmt man gern vermischt mit anderem zu sich. LAMBA

Der Wohlgeschmack des Fleisches hängt davon ab, ob man es isst. LAMBA

Ist das Essen köstlich, weiß es die Zunge. TSHI

Erbetteltes Essen sättigt nie. SWAHILI

Fair und unfair

»Schlag mich, aber ich darf dich nicht schlagen« ist kein Spiel.
TSHI

Partnerschaft beim Fallenstellen – teilen beim Fleischessen.
MONGO

Wird eine Frau so behandelt wie die anderen auch, bleibt ihr
Kopf kühl. IGBO

Ohr, höre die andere Seite der Frage, ehe du entscheidest!
YORUBA

Der Leopard leckt alle seine Flecken – schwarze wie weiße.
NDEBELE

Der Regen ist nicht jemandes Freund – er fällt auf jeden, dem
er draußen begegnet. YORUBA

Das Schwert kennt keinen Unterschied zwischen dem Kopf
des Schmiedes und anderen Köpfen. YORUBA

Die Tür, die Guten wie Bösen Eintritt gewährt, ist schlecht.
GANDA

Die Grasfackel, die ein schlechtes Haus verbrennt, zündet
auch ein gutes an. GANDA

Fürchte dich nicht, das zu tun, wobei du dich im Recht fühlst.
ALTÄGYPTEN

Wer die Früchte vom Baum geschüttelt hat, soll sie auch
aufsammeln. OVAMBO

Familie

Auch die treueste Freundin ist nie besser als eine Schwester.
IGBO

Ein Bruder wird als Gegner geboren. SÜDAFRIKA

Der brüderliche Stab zerbricht nicht. EWE

Ein Cousin braucht nicht zu bitten, und es wird ihm nichts
verweigert. GIKUYU

42

F

Trägt ein Mann Wasser auf dem Kopf, sollte sein Bruder nicht durstig bleiben. IGBO

Ärger gegen eine Schwester ist nur ein Schnitt ins Fleisch und geht nicht tief bis auf den Knochen. IGBO

Solange mein Bruder nicht vom Stehlen ablässt, höre ich nicht auf ihn zu ermahnen. ALTÄGYPTEN

Besitzt Komu etwas, hat es auch Kaigu, sein Bruder. GIKUYU

Wird der Armreif vom rechten auf den linken Arm geschoben, ist er immer noch am Arm. YORUBA

Schämt sich der Dieb nicht, wird es seine Schwester für ihn tun. IGBO

Geht dein Kind auf den Abfallplatz und wird von einer Schlange gebissen, schneidest du ihm den betreffenden Körperteil nicht ab, sondern träufelst Medizin darauf. TSHI

Wird deine Hand schmutzig, schneidest du sie nicht ab. SWAHILI

Geht ein Volk zugrunde, fängt es in den Familien an. TSHI

Mutter, trag mich, auch ich werde dich tragen! BEMBA

Wenn der Bruder ruft, kann man nicht sagen, man habe keine Zeit. IGBO

Blutsbande können nicht durchschnitten werden. GIKUYU

Die Kuh leckt nur ihr eigenes Kalb. GANDA

Der Zaun ums Haus verbirgt die Geheimnisse einer Familie. TWI

Das Mehl, das nicht im Haus deiner Mutter ist, ist Asche. UGANDA

Nur der Gütige gilt in einer Familie als Bruder. ALTÄGYPTEN

Der Onkel eines Bruders ist euer aller Onkel. MAMPRUSSI

Was in der Familie geschieht, ist nicht für Außenstehende bestimmt. GANDA

Kann dir dein Bruder keine Milch geben, bittet er für dich bei anderen darum. UGANDA

Man entdeckt das Herz eines Bruders nicht, wenn man ihn nicht in der Not um etwas bittet. ALTÄGYPTEN

Schneidest du dich in einen Finger, werden alle anderen auch blutig. NKUNDU

Fantasie

Kannst du mit eigenem Auge nicht sehen, führt dich deine Fantasie hin. JABO

Sich etwas erträumen kommt vor dem Erwerben. MAMPRUSSI

Deine Fantasie ist so mannigfaltig wie die des Vogels, der über Nacht mit den Zugvögeln fortflog, weil er dachte, er müsse Steuern zahlen. GANDA

Feuerholz an einem entlegenen Ort ist gutes Feuerholz. EWE

Es ist schmerzlich, von dem zu träumen, der dich zurückgewiesen hat. SHONA

Der Kopf, der Träume hat, ist der überlegene Kopf. TSHI

Der Mann, der einem Ringkampf zuschaut, stellt sich viele Möglichkeiten vor, wie der Gegner zu besiegen sei – er kennt die Schwierigkeiten nicht, die zu bewältigen sind. IGBO

Das Umschlagtuch der andern ist wunderschön. KAONDE

Du schläfst unterwegs am Wegesrand und träumst, du habest dein Reiseziel erreicht. MONGO

Faulheit

Ein Mann, der sagt: »Ein Herr trägt keine Lasten«, wird faul. GANDA

Faule wissen nicht, dass sie faul sind, bis sie eine Schildkröte jagen und sie entkommen lassen. HAUSA

Ein Fauler sucht leichte Arbeit. YORUBA

Ein fauler Arbeiter gibt dem Werkzeug die Schuld. GIKUYU

Er will essen, aber nicht arbeiten. OVAMBO

Schläfst du, schläft auch dein Geschäft. SWAHILI

Faulheit und Hunger sind Zwillinge. SWAHILI

Beim Essen schwitzen und beim Arbeiten frieren. OVAMBO

Beieinander sitzen erledigt die Arbeit nicht. MAMPRUSSI

Das Herz eines Faulen wünscht sich alles und hat nichts. IGBO

Der Faule lebt von seiner Faulheit. NDEBELE

Der Faule, der sich aufmacht, einen Spaten auszuleihen, sagt:
»Ich hoffe, ich bekomme keinen.« MADAGASKAR

Der Maulwurf gräbt das Loch, und ein anderes Tier kommt
und wohnt darin. UGANDA

Im Fluss fließt Wasser, und die Menschen zu Hause sind
durstig. OROMO

Du bist so faul wie ein Fisch – er lebt im Wasser und braucht
sich nie zu waschen. GANDA

Du bist nur durstig, wenn ein anderer Wasser geholt hat.
GIKUYU

Zur Arbeitszeit bist du nicht erschienen, aber zur Essenszeit
bist du da! NAMIBIA

Eine Ladung Salz auf dem Kopf eines anderen trägt sich leicht.
KONGO

Das »Morgen« des Faulen ist nie vorüber, und seine »Jahre«
finden kein Ende. OROMO

Die Hirse dessen, der Vögel mit der Schleuder verjagen sollte,
wird von Vögeln gefressen. SWAHILI

Fehler

Eine löchrige Tasche wird nie voll sein. MAASAI

Fehler sind wie ein Hügel – du steigst auf deinen eigenen und
siehst die der anderen. HAUSA

Kehre erst in deinem eigenen Haus, ehe du das Haus eines anderen verachtest. LUYIA

Wer seine eigenen Laster nicht sieht, sollte nicht auf die Fehler seiner Mitmenschen achten. SWAHILI

Gelingt es einem Affen nicht, auf einen Baum zu klettern, muss mit dem Baum etwas nicht in Ordnung sein. SWAHILI

Niemand ist ohne Kot. IGBO

Die eigene offene Wunde stinkt nicht. GIKUYU

Der Affe sieht nicht sein eigenes Hinterteil, sondern das seines Nachbarn. SWAHILI

Das Auge vermag nicht sich selbst zu sehen. TSONGA

Die Straße ist gut, aber krumm. EFIK

Wir sehen die Rückseite vom Kopf der andern, und sie sehen die Rückseite unseres Kopfes. YORUBA

Du reparierst immer die Zäune der andern – deine eigenen liegen am Boden. OVAMBO

Man repariert nur etwas, das nicht gut ist. OJI

Besser ein Fehler am Anfang als am Ende. FULBE

Selbst ein kluger Mensch macht Fehler – die Ohren riechen das Süße nicht. UGANDA

Hat ein Kind eine falsche Besorgung gemacht, muss es noch einmal gehen. IGBO

Der Fluch, der der unfruchtbaren Kuh galt, hat statt dessen die trächtige getroffen. UGANDA

Sich verirren ist eine Möglichkeit, den richtigen Weg zu finden. SWAHILI

Feigheit

Eine feige Hyäne lebt länger. TONGA

Feigling, erwürge deine Angst, oder sie erwürgt dich. OVAMBO

Gutes Benehmen ist Feigheit. OVAMBO

Im Haus des Feigen gibt es keine Tränen. PEDI

Nur zu Hause ist der Feige mutig. IGBO

Argumentieren ist die Fessel des Feigen. TAMASHEK

Die Flucht des Feigen hat kein Ziel. MAMPRUSSI

Im Haus der Feigen gibt es kein Trauern und Wehklagen.
TSONGA

Feinde

Einen Leoparden bindet man nicht zusammen mit einer Ziege
an den Strick. ZULU

Ein Mann hat ebenso viele Freunde wie Feinde. TSWANA

Der Hass eines Menschen hält dich nicht davon ab, das zu
bekommen, was du willst. HAUSA

Besser ein intelligenter Feind als ein dummer Freund. SWAHILI

Habicht und Huhn gehen nicht auf denselben Markt. IGBO

Wirble nicht eine Schlange durch die Luft, wenn du sie getötet
hast – die anderen Schlangen in ihren Höhlen sehen dich.
THONGA

Fürchte den Menschen, der dir nahe ist. TSHI

Feuer und Schießpulver schlafen nicht beisammen. ASHANTI

Wer nichts besitzt, ist der Feind dessen, der besitzt. SWAHILI

Wer dich verfolgt, wird dich nicht unverletzt lassen. UGANDA

Viele Schläge fällen den Baum. KAONDE

Kenne deinen Feind. SWAHILI

Man segnet seinen Feind nicht. TSHI

Wer sich am Boden bekämpft, sollte nicht gemeinsam auf
einen Baum steigen. OROMO

Früh aufstehen, um einen Feind zu begrüßen, ist ein ärmliches Spiel. HAUSA

Die Katze ist nicht zu Hause – deshalb spielen die Mäuse. HAUSA

Der Tod des Leoparden bringt den Ziegen Sicherheit. OROMO

Der Feind, den ich kenne, ist dem vorzuziehen, den ich nicht kenne. GIKUYU

Der Mensch, der dir nicht wohlgesinnt ist, sollte, wenn es dir schlecht geht, nicht in den Busch geschickt werden, um für dich Kräuter zu sammeln. TWI

Das Gebet des Huhns erreicht den Raubvogel nicht. SWAHILI

Welche Henne tritt dem Rat der Katzen bei? FULBE

Wo ein Hund ist, sind keine Affen. MAMPRUSSI

Dein Feind begleitet deinen Schuldner. HAYA

Feuer

Ein kleines Feuer zerstört einen großen Wald. HAYA

Schüre nie ein Feuer, das du nicht löschen kannst. SWAHILI

Feuer löscht Feuer nicht. GIKUYU

Wo sollen wir Wasser holen, wenn auf dem Weg zum Fluss Feuer ausbricht? TEMNE

Asche ist das Kind des Feuers. BURA

Das Auge, das Rauch sieht, hält nach dem Feuer Ausschau. HAUSA

Wer neben dem Feuer liegt, weiß ,wie es brennt. TSHI

Flexibilität

Es ist besser, wie ein Korb zu fallen als wie eine tönerne Schüssel. LUYIA

Der Wind bricht einen biegsamen Baum nicht. SUKUMA

Es ist weder schwer, den kleinen Finger abzubiegen, noch ihn zu strecken. TSHI

Es gibt viele Möglichkeiten, den Reis zu kochen. SWAHILI

Fragen

Ein Mann mit einem Mund kann nicht verloren gehen.
SÜDLICHES AFRIKA

Bedrängt dich einer mit Fragen, redest du schließlich über Dinge, die du verbergen wolltest. GANDA

Eine Frage ist keine Beschuldigung. GANDA

Fragen ist nicht Dummheit. UGANDA

Wer Fragen stellt, verirrt sich nicht, doch sein Geheimnis wird gelüftet. HAUSA

Fragen stellen befähigt richtige Antworten zu finden. MENDE

Niemand ist ohne Wissen, ausgenommen der, der keine Fragen stellt. FULBE

Das Kind, das Fragen stellt, stirbt als respektierter Mensch.
FIPA

Wer sich nach dem Weg erkundigt, verirrt sich nicht. GIKUYU

Wer dir nicht sagt, wohin er geht, den kann man nicht suchen.
GANDA

Frauen

Eine Frau, die begonnen hat, ihrem Mann Widerstand zu leisten, kennt bereits einen Ort, wo sie hingehen kann.
GANDA

Vieh kann vererbt werden; eine Frau wird sich selbst entscheiden. SHONA

Sehr wenige Männer sind mit Kindern so freundlich wie Frauen – sie erinnern sich an die Schmerzen der Geburt.
HAYA

Das Miteinander von Frauen und Männern ist für das Auge

••

und für das Herz, nicht nur fürs Bett. TAMASHEK

Kein Mann ist in den Augen seiner Frau ein Held. SWAHILI

Fremde

Ein Fremder weiß nicht, wann Gefahr droht. IGBO

Ein Fremder ist blind, obwohl er Augen hat. HAUSA

Ein Fremder kennt das Geheimnis – ein Dorfkind hat es ihm verraten. MAMPRUSSI

Der Prügel eines starken Mannes wird von Fremden getestet. GIKUYU

Die Augen des Fremden mögen sehr groß sein, doch die inneren Angelegenheiten der Stadt oder des Volkes sieht er nicht. GA

Wo Verwandte sich streiten, sollte sich ein Fremder fernhalten. SHONA

Die Grube, in die der Fremde fällt, ist den Einheimischen wohl bekannt. AFRIKA

Freunde und Freundschaft

Mach dir einen Aufrichtigen und Rechtschaffenen zum Freund. ALTÄGYPTEN

Ein mächtiger Freund kann zu einem mächtigen Feind werden. AMHARISCH

Ein kluger Mensch erzählt seinem Freund nicht alles über sich selbst aus Furcht, bei einem späteren Streit könnten seine Geheimnisse enthüllt werden. NIGERIA

Sei nicht wie ein Schatten – ein ständiger Begleiter, aber kein Freund. MADAGASKAR

Unter vielen Freunden ist ein wahrer Freund. TSHI

Freunde kennen dich, wenn es dir wohl ergeht, und du kennst sie, wenn es Streit gibt. SWAHILI

50

F

• •

Freundschaft erfordert häufige Besuche. GIKUYU

Freundschaft mit dem Fährmann lohnt sich in der Trockenzeit
– wenn der Regen kommt, bist du der erste, der übergesetzt
wird. HAUSA

Deinem Freund etwas zu schenken ist etwas anderes als
wegwerfen – es ist eine Reserve für die Zukunft. SWAHILI

Wer dir keinen Rat erteilt, ist nicht dein Freund. OVAMBO

Halte einen guten Freund mit beiden Händen.
KANURI/BORNU

Ich weiß, mein Freund, ich kenne die Freunde meiner Freunde
nicht. MAMPRUSSI

Bist du einmal vorsichtig im Umgang mit deinem Feind, so sei
tausend Mal vorsichtig im Umgang mit deinem Freund.
SWAHILI

Es ist leichter, eine Freundin zu verlieren als sie
wiederzufinden. SWAHILI

Aus Freundschaft esse ich im Haus eines Freundes – bei mir zu
Hause gibt es genug zu essen. NIGERIA

Leihen und verleihen tötet die Freundschaft. GANDA

Einer, der eine alte Freundschaft leid wird, erfreut sich auch
nicht lange an einer neuen. GANDA

Wer zu deinen Gunsten schnell handelt, ist ein wahrer Freund.
HAYA

Das Kind, das zu Hause bleibt, hat keine Freunde. UGANDA

Zu viele Freunde sind wie die Beine eines Krebses – zahlreich
und nutzlos. MADAGASKAR

Zu viel Liebe verdirbt die Freundschaft. GIKUYU

Wirft dein Freund deinen Vater zu Boden, wirft er deine
Freundschaft weg. UGANDA

Dein Freund ist wie ein Verwandter. OVAMBO

Dein Freund ist wichtiger als dein Bruder. OVAMBO

F

Pflege keine Hundefreundschaften, die im Streit um einen Knochen zerbrechen. MADAGASKAR

Wer an dich denkt, wenn du krank bist, wird es auch bei deinem Tod tun. KONGO

Frieden

Liebt ein Mensch den Frieden, wird er nicht zum Feigling. IGBO

Es ist besser Brücken zu bauen anstatt Mauern. SWAHILI

Der eine möchte es nicht heiß, der andere nicht kalt – macht es lauwarm und seid Freunde. MADAGASKAR

Führen und geführt werden

Ein dummes Pferd deutet nicht unbedingt auf einen dummen Reiter. TSHI

Hirtenloses Vieh grast auf anderer Leute Feldern. SWAHILI

Wer langsam läuft, ist nicht zum Vorläufer bestimmt. OVAMBO

Ist kein Kopf da, wird der Schwanz nicht handeln. IGBO

Die Füße gehen dahin, wo der Kopf will. TSHI

Haben die Ziegen einen lahmen Hirten, kommen sie nie zum Gras. GIKUYU

Wer dem Feind bei der Verfolgung am nächsten kommt, ist der wirkliche Anführer. GANDA

Der Faden folgt immer der Nadel. EWE

Sind die Führer weise, ist es auch das Volk. MADAGASKAR

Hast du die Glucke gefangen, kannst du die Küken leicht einsammeln. ASHANTI

In einer Herde ohne Stier wird ein kastrierter Ochse herrschen. BORAN.

Ein Blinder zeigt einem anderen nicht den Weg. GIKUYU

Folge dem Fluss des Wassers. SWAHILI

Bleibt der Herr nicht da zum Kämpfen, rennt der Sklave davon. TSHI

Der Schwanz muss dem Kopf folgen. KRU

Folgst du den Elefanten, verirrst du dich im Wald niemals. TWI

Keiner, der dem Elefanten folgt, muss den Tau vom Gras schlagen. ASHANTI

Was von einer rechtmäßigen Obrigkeit beschlossen wird, nehmen die Untertanen nicht übel. GANDA

Furcht

Ein furchtsamer Mensch lernt nie schwimmen. OROMO

Fürchte den Unbekannten, bis du ihn kennen gelernt hast. SWAHILI

Einer, der dich verleumdet, fürchtet dich. LUYIA

Wer Schaden fürchtet, entkommt allem Schaden. ALTÄGYPTEN

Wer sich vor dem Heulen der Hyäne fürchtet, hat sich mit Fett eingeschmiert. SHONA

Betrügst du deine Nachbarin nicht, wenn sie dich betrügt, hast du Angst vor ihr. TSHI

Leute laufen fort, um die Begegnung mit der Schlange zu vermeiden, und die Schlange flieht, um Menschen aus dem Weg zu gehen. YORUBA

Furcht herrscht dort, wo eine Schlange im Busch verschwand. JABO

Freue dich über die Furchtsamen und weine um die Furchtlosen. KAONDE

Es heißt: Furcht hat ein langes Leben, nicht: Mut hat ein langes Leben. TSHI

Tritt die Furcht ein, flieht die Wahrheit. SWAHILI

Das Huhn sagt: »Furcht bedeutet Leben.« EWE

Gäste

Ein Gast, der nicht isst, hat einen anderen Grund für seinen Besuch. UGANDA

Gast zu sein ist eine Sache der Übereinkunft. BONDEI

Hörst du »Willkommen!«, wirst du auch hören: »Mögest du sicher wieder zu Hause anlangen!«. HAUSA

Wo du zu Gast bist, solltest du dich mit deinen Ansichten zurückhalten. HAYA

Lädst du dich selbst ein, so bring deinen Stuhl mit. SWAHILI

Der Gast darf den Gastgeber nicht überflügeln. EWE

Begibst du dich in eine andere Stadt und man schlachtet ein Huhn für dich, so isst du nicht das Huhn deines Gastgebers, sondern dein eigenes, das zu Hause herumscharrt, denn dein Besuch wird erwidert werden. TSHI

Wo du zu Gast bist, hast du kein Anrecht auf ein Frühstück. LUYIA

Wer ohne »Darf ich eintreten?« ein Haus betritt, verlässt es auch ohne »auf Wiedersehen«. SWAHILI

Gedanken

Die Gedanken eines Menschen sind sein Königreich. TSONGA

Hast du keine Gedanken, hast du kein Verständnis. OVAMBO

Nachdenken bedeutet Stärke. IGBO

Das Herz, das nicht denkt, äußert Unsinn. GANDA

Der Denker ist der Wissende. MAMPRUSSI

Denken ist Reichtum. SWAHILI

Gedanken brechen das Herz. EFIK

Die eigene Meinung zu ändern ist kein Verbrechen. TSWANA

Dein Körper wird alt, aber dein Denken bleibt jung. GANDA

Geduld und Toleranz

Am Ende gewinnt der Geduldige. IGBO

Eine geduldige Frau hat allen Reichtum dieser Welt. JABO

Ein Elefant wird nicht an einem Tag groß. GIO

In der Tiefe der Geduld ist der Himmel. KANURI/BORNU

Stelle keine ungeduldigen Fragen, damit du nicht verärgert bist, wenn es Zeit ist, zuzuhören. ALTÄGYPTEN

Iss den Kopf einer Heuschrecke, während du auf das Rindersteak wartest. KALENJIN

Was die Geduld verbirgt, kann der Zorn weder suchen noch finden. MAMPRUSSI

Findest du den Fluss über die Ufer getreten, warte. SWAHILI

Harrst du geduldig aus, wirst du den Sieg davontragen. TWI

Geduld ist wie der Mais im Topf, der schnell zu Ende geht. HAUSA

Die Quelle, die in einiger Entfernung am Weg liegt, stillt den Durst nicht. GIKUYU

Geduld ist die beste Verhaltensweise – wer Geduld hat, dem gehören alle Dinge. YORUBA

Kleine Tropfen füllen einen Fluss. KORANKO

Die Neuigkeiten am Abend mögen besser sein als die vom Morgen. MAASAI

Es hat keinen Sinn, an einem Paket zu rütteln, das gleich geöffnet werden wird. IGBO

Was heiß ist, wird schließlich kalt. IGBO

Auch die Schildkröte kommt schließlich dort an, wohin der Hase rennt. MAMPRUSSI

Mit Geduld erreicht man mehr als mit Ärger. HO

Habe Geduld mit einem Narren – auch du hast etwas vom Narren in dir. OVAMBO

Legst du dich mit einem Leoparden an, musst du auch seine Kratzer in Kauf nehmen. UGANDA

Zu viel Toleranz ebnet Problemen den Weg. GIKUYU

Wer zusammen lebt, muss barmherzig mit den andern sein. GIKUYU

Gefahr und Risiko

Die Schlange, die du siehst, beißt nicht. THONGA

Eine überstandene Gefahr ist keine Garantie für die Zukunft. GIKUYU

Ein Löwe, der keinen Lärm macht, tötet Menschen. GIRIAMA

Dorthin, wo die Gefahr schon bekannt ist, kehrt sie nicht zurück. FIPA

Gefahr holt einen aus dem Bett. GIKUYU

Lege deine Hand nicht an einen Mann, der das Messer gezogen hat. YORUBA

Selbst ein Giftpilz, der den Tod bringt, schmeckt gut. GANDA

Selbst in flachem Wasser kann man ertrinken. ZULU

Stehen bleiben und sich umschauen ist der Tod der Antilope. OVAMBO

Fliegt der Schmetterling in die Dornen, zerreißt er seine Flügel. YORUBA

Wenn du noch nie einen Fluss überquert hast, beleidigst du nicht das Krokodil wegen seines langen Mauls. MAMPRUSSI

Der tödliche Blitz kommt ohne Donner. UGANDA

Die Schlange, die sich selbst gebissen hat, wird einen Vorübergehenden nicht verschonen. UGANDA

Die Schildkröte sagt: »Der Held muss sich nicht schämen, wenn er die Gefahr flieht.« TWI

Wasser kann den Fährmann ertränken, aber noch häufiger den, der das Übersetzen erst erlernt. HAUSA

● ●

Wenn zwei sich streitende Gazellen einen Löwen sehen, ergreifen sie gemeinsam die Flucht. TSHI

Das Tier, das dem Affen folgt, kann sich ein Bein brechen. IGBO

Ein betrunkenes Huhn hat noch nie einen verrückten Fuchs gesehen. IGBO

Eine Ratte, die mit einer Falle spielt, hält nach dem Tod Ausschau. IGBO

Das Krokodil findet seine Nahrung im tiefen Wasser. KAONDE

Gefallen und Missfallen

Wem du missfällst, dem missfällt auch alles, was dir gehört. TWI

Das Heilmittel für Missgunst ist Trennung. HAUSA

Was dem einen schmeckt, verabscheut der andere. IGBO

Was einer Frau gefällt, das tut sie. TSHI

Geheimnisse

Eine Angelegenheit zwischen zwei Menschen ist nicht für drei bestimmt. ACHOLI

Wer seine Krankheit verbirgt, wird von seiner Krankheit verborgen werden. IGBO

Hast du deinen Arm nicht gehoben, weiß niemand, dass dir dort Haare wachsen. MAMPRUSSI

Wer mit dem Überbringen einer geheimen Botschaft beauftragt wird, erfährt deren Bedeutung nicht. SWAHILI

Wer im Geheimen kommt, kommt wieder. SWAHILI

Wer einen Schlafplatz sucht, sagt dir nicht, dass er das Bett nässt. TSHI

Geld und Sparsamkeit

Kauft ein Pferd für fünfzig und kann keinen Sattel für fünf kaufen. OROMO

Wer sparsam mit einem Penny ist, wird Tausender sehen.
HAUSA

Will jemand essen, so fragt er seinen Geldbeutel. TSHI

Ist es irgendwo dunkel und man verstreut Geld, wird es hell.
TSHI

Sagt dir einer: »Ich schenke dir etwas Süßes zu essen« und gibt
dir Geld, so stimmt das. TSHI

Liebe zum Geld ist die Wurzel allen Übels. TSHI

Geld bringt mehr Geld. TSONGA

Geld ist wie ein scharfes Messer. IGBO

Geld benimmt sich verrückt – es akzeptiert, im Besitz eines
jeden zu sein. SHONA

Geld ist wie ein Sklave – behandelst du es nicht gut, flieht es.
TSHI

Ein anderer zählt dein Geld nicht gut. GANDA

Geld kennt keinen Tag, an dem es nicht willkommen wäre.
SHONA

Geld verkürzt jedes Gesprächsthema und jeden Streit. IGBO

Erspartes fault nicht. SWAHILI

Haben zwei einen gemeinsamen Geldbeutel, singt der eine
und der andere weint. SWAHILI

Mit Geld läßt sich Pech wegwaschen. IGBO

Essen kann man verweigern, wenn man satt ist, aber nicht
Geld. SHONA

Es ist nicht wirtschaftlich, sich dessen zu entledigen, was nicht
üblich ist. FULBE

Gelegenheit

Wer immer in den Himmel schaut, wird nie etwas auf der Erde
entdecken. EWE

Ein Baum wirft nichts auf jene herab, die nicht da sind.
SWAHILI

Felder ohne Besitzer werden von Vorübergehenden
abgeerntet. UGANDA

Früchte fallen, wo niemand sie aufsammelt. FIPA

Gute Dinge kommen nicht nur einmal auf den Markt. IGBO

Wer auf eine Gelegenheit wartet, mag sich ein Jahr lang
gedulden. YORUBA

Schnitzt Gott dir eine Trommel, dann ist es an dir sie zu
schlagen. IGBO

Gieße ich Wasser über dich, wasche dich! TEMNE

Wer die Gelegenheit nicht sucht, wird sie kaum finden. FULBE

Auch wenn der Hase die Jäger heute ausgetrickst hat – morgen
ist noch ein Jagdtag. IGBO

Der Mund, der nicht isst, ist eine Einladung für den Mund, der
isst. SOTHO

Die Sonne geht nicht nur einem auf. OVAMBO

Die Sonne wartet nicht auf den Reisenden. GIKUYU

Der Morgen bricht oft an. TSWANA

Heute bin ich dran, morgen du. GIRIAMA

Scheint die Sonne, lass dich von ihr wärmen. SWAHILI

Findest du Fleisch in der Schüssel, nimm dir deinen Anteil.
UGANDA

Wenn der Löffel Ferien macht, baut die Spinne ihr Netz im
Suppentopf. YORUBA

Solange du lebst, ist diese Welt deine Welt. HAUSA

Gemeinsam
Viele Speere sind des Elefanten Tod. LUVALE

Wenn alle helfen, den Himmel hoch zu halten, wird keiner müde. TSHI

Tragen zwei einen Baumstamm, drückt er keinem auf den Kopf. TSHI

Viele Hände können auch den Stärksten fangen. TSHI

Ein Wütender kann zwei Schwache nicht überwältigen. FIPA

Ein Finger hebt keine schwere Last. TWI

Eine Hand wäscht die andere. TSWANA

Ein Bein allein kann nicht tanzen. THONGA

Ein Kopf allein kann keine Beratung abhalten. TSHI

Das Regal an der Wand ist zu hoch für die Hand des Kindes, ebenso wie der Hals der Kalebasse zu eng ist für die Hand des Erwachsenen. YORUBA

Wonach viele suchen, das wird gefunden werden. GANDA

Wäscht die rechte Hand die linke, muss auch die linke die rechte waschen. IGBO

Ein Fluss wird größer durch seine Nebenflüsse. GIKUYU

Im Krieg ist Ermutigung wichtiger als das eigentliche Kämpfen. IGBO

Weiß der Hund seinen Besitzer hinter sich, wird er den Pavian nicht fürchten. YORUBA

Der Hals hält den Kopf hoch. MAMPRUSSI

Auf Leere kann man sich nicht stützen. YORUBA

Die Frucht muss einen Stiel haben, ehe sie wachsen kann. JABO

Aus Angst vor dem Leopard lebt die Ziege bei den Menschen. JABO

Viele kleine Flüsse machen den Ozean groß. TSHI

Die gute Straße ist nicht nur für einen allein gut. IGBO

Das Kraut, das nur eine Wurzel hat, geht nicht schwer auszuziehen. HAUSA

Gerechtigkeit und Ungerechtigkeit

Das Kind ist hin und her gerissen wie eine Waise: Wäscht es sich die Hände nicht, heißt es, es sei schmutzig; wäscht es sich die Hände, heißt es, es verschwende Wasser. MADAGASKAR

Es ist eine doppelte Strafe, ein Kind zu schlagen und ihm zu sagen, es soll nicht weinen. IGBO

Gerechtigkeit wird zur Ungerechtigkeit, wenn sie einem Kopf, der nur eine Wunde verdient, zwei zufügt. KONGO

Im Hühnerhof ist das Korn nie unschuldig. EWE

Der Arbeiter arbeitet stets in der Sonne, der Landbesitzer sitzt stets im Schatten. YORUBA

Ein Friedensstifter wird oft verwundet. YORUBA

Der Friedensstifter stirbt und die Kämpfer überleben. UGANDA

Gerede und Gerüchte

Eine schmutzige Zunge beschmutzt ihren Besitzer. UGANDA

Die Augen sollen ruhig schauen, doch im Mund liegt die Gefahr. FIPA

Ich bleibe lieber allein als in Gesellschaft eines Verleumders. EFIK

Einer, der bei dir über andere redet, redet bei anderen über dich. SWAHILI

Die Menschen zerstreiten sich nicht über einem Gerücht. MAASAI

Geschichten sind Nahrung für das Ohr. IGBO

Wer zuhört, was über andere geredet wird, hört Dinge, die ihm nicht gefallen. SHERBRO

Die Zunge trägt das, was leicht ist. TSHI

Geschäfte machen

Katzen werden nicht im Sack verkauft, sondern offen angeboten. GA

Ein Geschenk ist ein Geschenk und ein Kauf ein Kauf; niemand wird dir deshalb danken, wenn du sagst: »Ich habe es dir sehr billig verkauft.« YORUBA

Was man verkaufen will, muß sichtbar sein. SHONA

Schlechte Ware ist billige Ware. TSHI

Wenn es ums Geld geht, haben auch Eltern und Verwandte kein Recht auf Preisnachlässe. HAYA

Einer der feilscht, ist immer über den Preis entsetzt. SWAHILI

Der Wunsch zu betrügen und die Weigerung betrogen zu werden, das sind die Gründe für den Lärm auf dem Marktplatz. YORUBA

Beim Geschäftemachen streitet man nicht. SWAHILI

Gestern, heute und morgen

»So-haben-wir-es-immer-gemacht« bringt den Fortschritt nicht voran. EWE

Einen neuen Pfeil stellt man her, indem man ihn mit einem alten vergleicht. TSHI

Die Jungen können die Alten nicht die Tradition lehren. YORUBA

Was für den einen alt ist, mag für den anderen neu sein. SHONA

Aufmerksam wird man durch das, was früher geschah. SHONA

In der Erinnerung an die Vergangenheit denken wir an die Zukunft. OROMO

Schaue nicht nur immer nach vorn, du vergisst darüber, was hinter dir liegt. SWAHILI

Die Erinnerung reicht weiter als das Auge. KANURI

Gestern stirbt nicht. THONGA

Ein Mensch kann seine Vergangenheit nicht ungeschehen machen. Können Zebras ihre Streifen abwischen? NAMIBIA

Die Vergangenheit ist fern. TSONGA

Wer stets vom vergangenen Jahr spricht, hat dem jetzigen noch nichts Gutes abgewonnen. HAUSA

Das Gestern ist begraben. NDEBELE

Gesunder Menschenverstand

Eine Ziege geht niemals in den Busch, um eine Hyäne zu suchen. ANGASS

Das Ei streitet sich nicht mit einem Felsen. MADAGASKAR

Zieh nicht in ein Haus ein, ehe du es nicht besichtigt hast. MAASAI

Miss die Stämme nicht im Wald ab, sondern dort, wo du sie brauchst. UGANDA

Schieß deinen Pfeil nicht im Dunkeln ab. SWAHILI

Dort, wo du Flaschen aufbewahrst, solltest du nicht mit Steinen werfen. TEMNE

Anstatt zu essen, was süß ist, mir aber nicht bekommt, verzehre ich lieber in Ruhe, was nicht süß ist. HAUSA

Wer die Schildkröte weinen sieht, braucht nicht zu fragen, ob alles in Ordnung sei. IGBO

Wer eine Schlafmatte stiehlt, kann sie kaum in seinem Ärmel verstecken. HAUSA

Ergreift einer ein Licht, um die Schlange zu suchen, sollte er bei seinen Füßen beginnen. GOGO

Wenn der Affe zuschaut, pflanze ich keine Erdnüsse. TIV

Am Flußufer spuckst du dir nicht in die Hände, um sie zu waschen. MAMPRUSSI

Man versteckt sich nicht und zündet dann ein Feuer an. TSHI

Keiner nimmt das Amulett eines Toten und bittet: »Schenk mir Leben und Gesundheit!« ALTÄGYPTEN

Such dein Umschlagtuch dort, wo du gebadet hast. IGBO

Du wartest nicht, bis der Mann, der für seine Geschicklichkeit im Speerwerfen bekannt ist, seinen Speer auf dich richtet. GANDA

Es gibt vierzig Arten des Wahnsinns, aber nur einen gesunden Menschenverstand. SÜDLICHES AFRIKA

Wo Hühner sind, darfst du keine Hirse verschütten. SWAHILI

Sitzt du auf einem Baum, schneidest du keine Äste ab. MAMPRUSSI

Man rennt nicht, wenn man Wasser von weit her holen muss. SUKUMA

Ehe du mit deinem Stock ein Tier schlägst, schätze seine Größe ab. TSHI

Du siehst jemanden auf der Spitze einer Palme und fragst dich, ob er bei guter Gesundheit ist – wäre er denn auf die Palme gestiegen, wenn es ihm schlecht ginge? YORUBA

Du wirst sehen, dass der Mann, der aus dem Ng'hale-Baum Gift gewinnt, sich niemals die Finger ableckt. SUKUMA

Hast du etwas auf dem Meer verloren, suche danach am Strand. SWAHILI

Gesundheit

Eine gesunde junge Frau bezwingt Berge. SWAHILI

Gesundheit hat keinen Preis. SWAHILI

Soll ein Ausschlag heilen, musst du aufhören zu kratzen. SUKUMA

Wer zwei Krankheiten übersteht, hat das richtige Heilmittel. UGANDA

Medizin wirkt nicht, wo es keine Wunde gibt. SHONA

Der Arzt kann nicht die Medizin für den Kranken trinken.
TSHI

Kein Heilmittel ist so wirksam wie gutes Essen. IGBO

Du bittest einen Kranken um Medizin! LAMBA

Ein Abszess heilt, wenn er aufgeschnitten wird. THONGA

Geburt ist das Heilmittel gegen den Tod. HAUSA

Verachte keine Medizin, die dir nützlich sein kann.
ALTÄGYPTEN

Sie sagen, ich sei geheilt, aber die geschwollenen Hoden
haben sie mir abgeschnitten. UGANDA

Gewohnheit

Wer zu oft an derselben Stelle am Fluss Wasser holt, landet
schließlich im Magen des Krokodils. AFRIKA

Gewohnheit ist wie ein großer Berg – es ist schwer, über ihn
hinwegzukommen oder ihn einzureißen. KONGO

Ein Mann geht zum Markt und kauft, was er kennt; das
Unbekannte läßt er liegen. YORUBA

Der Weg, den man immer geht, wird eben. LUO

Bleibt Wasser zu lange in einer Flasche, stinkt es. TSHI

Für jemanden, der es gewohnt ist, immer zu nehmen, ist geben
ein schwerer Kampf. SWAHILI

Gleich und gleich

Ein Hund stiehlt nichts von einem anderen Hund. TEMNE

Eine Schlange ist wie ein Strick, doch man nutzt sie nicht, um
etwas zu binden. ASHANTI

Keiner, der einen Arsch hat, lacht über eines anderen Furz.
OVAMBO

Jedermann mag seinesgleichen. WOLOF

Wer eine sieht, sieht alle, weil alle gleich sind. TSONGA

Erteilt der Geier dem Wolf einen Rat, nimmt der ihn an. TSHI

Unheil zieht Unheil an. RUANDA

Nur ein Dieb kann Fußabdrücke eines anderen Diebes auf dem Felsen erkennen. YORUBA

Wer sich nicht wie ein Affe benimmt, kann keinen lebenden Affen fangen. YORUBA

Gleiche Charaktere machen eine Freundschaft aus. YORUBA

Zwischen schlafen und getötet werden ist es nicht weit. AFRIKA

Zwei Menschen in derselben Lage haben keinen Grund, sich gegenseitig zu kritisieren. HAYA

Was im Haus der Wespe ist, findet sich auch im Haus der Biene. IGBO

Du bist nicht der Bruder des Krokodils, obwohl du gut an seiner Seite schwimmst. MENDE

G

Gleich und ungleich

Gleichheit ist ein geistiger Wert. SWAHILI

Ein Baum von deiner Größe kann dir keinen Schatten spenden. SWAHILI

Gott schuf Reiche und Arme. TSHI

Wer einen Bullen nicht fürchtet, muss selbst einer sein. SWAHILI

Ein weißes Tuch und ein Fleck werden sich nie einig. YORUBA

Ein Ei kann nicht mit einem Stein streiten. BURA

Siehst du einen im Schatten, findet sich ein anderer in der Sonne. HAUSA

Sechs kämpfen nicht mit sieben. MONGO

Was eine große Frau aufgehängt hat, kann ein kleiner Mann nicht herunterholen. SUKUMA

• •

Mit etwas Kleinem wird etwas Großes gemessen. TSHI

Gleichgültigkeit
Eine schöne Frau kann nicht nach ihrem Willen schöne Kinder gebären. TSONGA

Ein Leichnam kann sich nicht selbst riechen. IGBO

Eine scharfe rote Pfefferschote im Garten eines anderen kann dir nicht die Zunge verbrennen. GIKUYU

Ist es dir nicht widerfahren, schlafe! TSHI

Einem Huhn ist es gleichgültig, welchen Gummi es frisst, denn ein Huhn frisst nie Gummi. HAUSA

Wie erfreulich der Kampf, der dich nichts angeht. UGANDA

Wer Eier isst, dem sind die Schmerzen, die die Henne beim Legen hat, gleichgültig. YORUBA

Leidet ein anderer Schmerzen, behandelst du ihn, als leide ein Stück Holz. OJI

In einem verlassenen Haus treiben Eidechsen ihr Unwesen, streiten und vermehren sich. UGANDA

Der Pfeil im Körper eines anderen ist für dich, als stecke er im Köcher. FULBE

Bewegt sich die Schnecke, folgt das Haus. NIGERIA

Schießt du auf eine Eidechse an einem Baum, schießt du auch auf den Baum. MAMPRUSSI

Glück
So glücklich wie der Dieb, der eine offene Tür findet. HAUSA

Glücklich zu sein ist besser als König zu sein. HAUSA

Glücklich sein erfordert etwas zu tun, etwas zu lieben und etwas zu haben, worauf man hoffen kann. SWAHILI

Zu dem, was das Herz in der Nacht erfreute, kehrt man am Morgen zurück. HAYA

Wein, Frauen und Essen geben dem Herzen Freude.
ALTÄGYPTEN

Ein Mann, der am Boden liegt, kann nicht fallen. THONGA

Glück widerfährt dir nicht – Glück findet der, der danach
sucht. ALTÄGYPTEN

Klopft das Glück an deine Tür, musst du selbst öffnen.
SWAHILI

Das Glück eines Menschen ist sein Charakter oder sein
Betragen. SWAHILI

Einem herumschweifenden Jäger begegnet ein
herumschweifendes Tier. EWE

Wer Glück hat, weiß aus Gutem und Schlechtem Gewinn zu
schlagen. HAUSA

Schießt du ein Tier und es rennt zu deinem Haus, hilft es dir,
das Fleisch zu tragen. TSHI

Ein glücklicher Zufall, wenn versalzene Bohnen anbrennen.
SHONA

Glück geht dorthin, wo das Glück ist. LUYIA

Glück ist besser als Schönheit. LUO

Fällt eine gefüllte Schüssel zu Boden, hat der Hund Glück.
GIRIAMA

Der Adler, der Glück hat, fängt eine Maus, die Salz gefressen
hat. UGANDA

Wer Glück hat, kann selbst auf dem Niger-Strom Wasser
verkaufen. HAUSA

Mit Glück geboren zu werden ist viel wichtiger als einen guten
Vater zu haben. OROMO

Gott

Hast du Gott vergessen, so hast du dich selbst vergessen.
SWAHILI

Sünde verschlingt den, der sie begangen hat. SHONA

Willst du mit Gott sprechen, so sprich mit den Winden. TWI

Ein Mensch sieht nur das Äußere der Dinge, Gott schaut in deren Herz. EFIK

Einem Sterblichen gehört das Wort, Gott die Erfüllung. MAMPRUSSI

Gottes Pläne kommen zustande, doch nicht die des eigenen Herzens. GIKUYU

Gott gefällt genau das, was du nicht willst. SWAHILI

Die Worte, die Menschen sagen, stehen auf einer Seite, die Dinge, die Gott tut, auf einer anderen. ALTÄGYPTEN

Was Gott dir schickt, kannst du nicht zurückschicken. GANDA

Gott ist offenbar, was den Menschen verborgen ist. YORUBA

»Gott, hilf mir!« Du hast nur das Recht, so zu beten, wenn du dir Mühe gibst im Leben. GANDA

Grenzen

Ein Kind, das gerade laufen gelernt hat, weiß nicht, wie man sich versteckt. MAMPRUSSI

Man kann nur manches von dem tun, was in der Welt zu tun ist, nicht alles. TWI

Ein Mensch kratzt sich dort, wo seine Hand hinreicht. SWAHILI

Gott wusste um den Charakter der Schlange und schuf sie ohne Beine. OROMO

Egal, wie scharf ein Messer ist, seinen eigenen Griff kann es nicht schnitzen. YORUBA

Es gibt niemand, der so schlau wäre, dass er sich jemals den eigenen Rücken geleckt hätte. ZULU

Wir müssen unsere Taschen dort aufhängen, wo unsere Hände hinreichen können. IGBO

Gründlichkeit

Eine Falle ohne Köder fängt nichts. SWAHILI

Ein Tier versteckt sich nicht und lässt seinen Schwanz hervorschauen. TSHI

Wer eine Hyäne fesselt, muss auch wissen, wie er sie wieder frei lässt. HAUSA

Drehst du einen Faden, mache den Knoten so, dass nicht alles wieder aufgeht. HAUSA

Baust du dein Haus nicht solide, hast du Angst darin zu schlafen. TSHI

Bist du bereit, die Falle zu stellen, sei auch bereit, dich darum zu kümmern. UGANDA

Tötest du eine Schlange, schlag ihr den Kopf ab. IDOMA

Güte und Freundlichkeit

Ein freundlicher Mensch hat keine Feinde. IGBO

Güte zeugt Güte. UGANDA

Güte gibt Anlass zu Missbrauch. SWAHILI

Auch ein schlechter Mensch kann Gutes tun, doch ein guter Mensch kann nichts Böses tun. SWAHILI

Wo Gutes getan wird, fallen schlechte Taten sofort auf. SWAHILI

Wird man nicht provoziert, ist es leicht, Gutes zu tun. SWAHILI

Das Gute schaut ins Herz. ALTÄGYPTEN

Wer Gutes tut, erntet Hass. HO

Ein großes Herz ist besser als ein großer Kopf. SWAHILI

Von einem glücklichen Menschen erwarte Freundlichkeit. HAUSA

Sei freundlich zu dem, der dir freundlich begegnet. MONGO

Wer nicht freundlich ist, erhält keine Hilfe, wenn er sie braucht. HAYA

Freundlichkeit ist besser als Reichtum. UGANDA

Freundlichkeit ist nie vergeudet. KONGO

Ein Mensch, der zu anderen gut ist, tut das Beste für sich selbst. NIGERIA

Die Belohnung für Güte ist Dankbarkeit. TSHI

Zu viel Freundlichkeit brachte einen Mann dazu, jemandem seine Haustür zu leihen. UGANDA

Dein Lächeln sollte mehr der Frühlingssonne als der Wintersonne gleichen. MADAGASKAR

Die einzig freundliche Kuh ist die, die Milch gibt. GIKUYU

Großzügigkeit braucht keinen Zwang. UGANDA

Siehst du einen gut gekleideten Mann und einen Mann in Lumpen miteinander essen, gehört das Essen dem Letzteren. FULBE

Wie großzügig du auch sein magst, deine Frau schenkst du nicht her. TSHI

Deine Güte ist nicht für dich selbst bestimmt, sondern für andere. EWE

Gunst

In der Gunst des Gebers zu stehen ist mehr wert als eine ausgestreckte Hand. HAUSA

Gunst versklavt. SWAHILI

Wer bei seiner Mutter isst, bittet nicht um Reste. HAUSA

Singt deine Schwester mit den anderen Mädchen, wird dein Name stets im Lied vorkommen. TSHI

Am Hof seines Vaters ist der Prinz nie schuldig. IGBO

Der Sohn des Donnergottes wird nicht vom Blitz getroffen. EWE

Befindet sich deine Schwester im Himmel, ist es
unwahrscheinlich, dass du in die Hölle kommst. IGBO

Guter Rat

Wird guter Rat mit Widerwillen aufgenommen, zeitigt er
niemals Erfolg. ALTÄGYPTEN

Die Fliege, die niemanden hat, der sie warnt, geht mit der
Leiche ins Grab. IGBO

Einer, der keinen Rat annehmen will, lernt erst, wenn das
Unglück ihn überfällt. XHOSA

Selbst ein Narr kann einem Weisen raten. SWAHILI

Wie das Feuer erhält man auch guten Rat von anderen.
SHONA

Guter Rat gleicht Pilzen – du nimmst dir, was dir gefällt.
SHONA

Ein Ratgeber berät sich nicht selbst. MAASAI

Sich gutem Rat zu fügen ist besser als hartnäckig an den
eigenen Vorstellungen festzuhalten. HAYA

Bitte die Gottheit nicht um Rat, wenn du ihrem Wort nicht
folgen wirst. ALTÄGYPTEN

Gib niemandem guten Rat, der nicht auf dich hören will.
ALTÄGYPTEN

Selbst der Kluge läßt sich raten. LUYIA

Wer keinen Rat annehmen will, dem kann nicht geholfen
werden. UGANDA

Jene, die guten Rat missachtet, kann ihn nicht mehr
verweigern, wenn sie zu ihrem Begräbnis bereit gemacht wird.
GIKUYU

Wer einen Pfad durch den Wald schlägt, schaut nicht zurück
und sieht nicht, dass er krumm ist. TSHI

Leute, die nicht gewarnt werden, schiffen sich möglicherweise
auf einem Boot aus Lehm ein. ITESO

Der Mensch, der dir zum Pflügen rät, will, dass du zu essen hast. SHONA

Sagt dir jemand: »Pass auf, wie du dich benimmst!«, so ist das keine Beleidigung. TSHI

Einen, der keinen guten Rat annehmen wollte, sah man später voll Blut. SHONA

Die Weisheit anderer bewahrt einen Ältesten davor, als Narr verschrien zu werden. NIGERIA

Der Strom sagt, er fließe hierhin und dorthin, weil er niemanden habe, der ihm den Weg zeigt. IGBO

Wer dich zurückweist, bringt dich in gute Form. EWE

Gutes und Schlechtes

Klopfst du den Topf ab, siehst du, wo er einen Riß hat. TSHI

Etwas Schlechtes wird billig verkauft. TWI

Gutes verkauft sich von allein, Schlechtes braucht Werbung. SWAHILI

Gute Ware findet immer willige Käufer. GIKUYU

Was gut ist, ist gut – Milch wird nicht mit Salz gewürzt. SHONA

Du siehst ein altes Huhn auf dem Markt und möchtest es gern kaufen, aber – hätte der Besitzer es zum Verkauf angeboten, wenn es Eier legen und brüten würde? YORUBA

Habgier

Eine habgierige Maus hört die Katze nicht. NAMIBIA

Ein Baum, der einem geizigen Mann gehörte, trug reiche Frucht. Statt die Früchte nach und nach zu ernten, nahm der Mann eine Axt und fällte den Baum, damit er alle Früchte auf einmal bekomme. YORUBA

Trinke im Haus eines Händlers kein Wasser – er lässt dich dafür bezahlen. ALTÄGYPTEN

Lasse nicht zu, dass das, was dir nicht gehört, in deinen Augen glänzt. UGANDA

Wer alles haben will, sagt den anderen, sie sollen zufrieden sein. UGANDA

Gebe ich dir etwas, nimmst du es, und wenn ich sage: «Gib mir», ziehst du deine Hand zurück und läufst weg. TSHI

Als er ein zweites Mal kam, wurde der Dieb geschnappt. SWAHILI

Du kannst leicht etwas bis auf den Grund leeren, aber du hast nicht gelernt, zurückzugeben. OVAMBO

Der Tod besitzt den Schlüssel zur Schatztruhe des Geizigen. TSHI

Wie kommt es, dass nur die Reichen Geizhälse sind? MADAGASKAR

Der Gott des Hundes ist der Bissen, der auf den Boden fällt. BONDEI

Die Güter des Geizigen werden von den Mäusen gefressen. TSHI

Komme mit einer Bitte und entdecke den Unwilligen; gehe betteln und entdecke den Geizigen. YORUBA

Hass

Hass verbrennt den, der ihn hegt. SWAHILI

Gegen Hass gibt es keine Medizin. GA

Es ist besser, dem Hass des Königs ausgesetzt zu sein als dem des Volkes. MADAGASKAR

Das Heilmittel für Hass ist Trennung. FULBE

Der Mensch, der dich hasst, wird immer genug Fehler an dir finden. SWAHILI

Hasse niemand auf den ersten Blick, wenn du nichts über ihn weißt. ALTÄGYPTEN

Heirat und Werbung

Eine Frau, die ohne Beratung geheiratet hat, läuft ohne
Beratung davon. OROMO

Werben ist nicht heiraten. UGANDA

Der Ehemann ist der Bindfaden, die Frau das Paket – reißt der
Bindfaden, geht das Paket auf. IGBO

Heiratest du eine schöne Frau, heiratest du Probleme. JABO

Einer, der eine Frau sucht, spricht nicht abfällig über Frauen.
TSHI

Der Mann, der sagt, er werde keine Frau heiraten, die andere
Bewunderer hat, wird nie heiraten. YORUBA

Herrschen

Ein König ist König wegen der Menschen. ZULU

Ein Mann aus dem Busch wird nicht zum Höfling berufen – er
würde das Land zerstören. OVAMBO

Ein guter Herrscher ist wie eine Quelle – sobald sie einbricht,
wissen die Leute, wie viel Wasser sie brauchen. NAMIBIA

Ein König herrscht über Hyänen und Krokodile ebenso wie
über nützliche Tiere. TSONGA

Niemand, der für Staatsangelegenheiten Verantwortung trägt,
ist ein Kind. TSHI

Die Weisheit anderer bewahrt einen Ältesten davor, als Narr
bezeichnet zu werden. IGBO

Der Königsmacher herrscht nicht mit dem König. NDEBELE

Ein Schlag auf den Kopf eines Herrschers ist verboten, doch
nicht ein Wort. AFRIKA

Herz und Gefühl

Das Herz ist ein tiefer Wald, in den niemand eindringen kann.
GIKUYU

Das Gesicht eines Menschen zeigt, was in seinem Herzen ist.
HAUSA

Das Herz eines Menschen schafft Probleme und löst Probleme.
MAMPRUSSI

Willst du Neuigkeiten des Herzens erfahren, frage das Gesicht.
FULBE

Es ist besser, die Augen sterben, als dass das Herz stirbt.
SWAHILI

Das Herz ist es, das einen in die Hölle oder in den Himmel trägt. KANURI

Das Herz weiß alles. LAMBA

Der Körper zerfällt, aber das Herz lebt. TSONGA

Der eigentliche Dieb ist das Herz – Finger allein stehlen nicht.
LAMBA

Was im Herzen aufbewahrt wird, fault nicht. UGANDA

Herzenswünsche sind Medizin für das Herz. SWAHILI

Das Herz geht dorthin, wo seine Wünsche es hintragen.
NYIKA

Einen Lahmen kann man erkennen, doch nicht den, der ein lahmes Herz hat. GIKUYU

Erlaubst du deinen Gefühlen die Herrschaft über dich, bist du verloren. TSHI

Auf den Alarmruf des Herzens antwortet niemand. NDEBELE

Hände halten Dinge, die man fallen lassen kann, doch mein Herz hält Dinge, die ich mit ins Grab nehme. SHONA

Feuer zeugt Asche. TSONGA

Heuchelei

Ein Schwindler ist ein Mann, der dich zum Essen einlädt und hinterher von deiner Gefräßigkeit spricht. GANDA

Zorn im Kopf, Lächeln auf den Zähnen. IGBO

Trenne Kopf und Zunge nicht voneinander. ALTÄGYPTEN

Wem das Essen woanders süß schmeckt, findet es bitter, wenn er Besuch erhält. UGANDA

Sein Mund spricht süß, doch sein Herz ist voller Hass. MADAGASKAR

Gibst du dem Affen etwas, nimmt er es; bittest du den Affen um etwas, sagt er »Nein«. TWI

Der Satte nennt den Hungrigen gierig. GIKUYU

Zum weißen Pferd sagte das Zebra: »Ich bin auch weiß«; zum schwarzen Pferd sagte es: »Ich bin eigentlich schwarz«. NAMIBIA

Während er das Essen kritisiert, verspeist er eine Menge davon. GURAGE

Du flüchtest vor einem Krokodil, aber Krokodilfleisch isst du gern. JUKUN

Hilfe

Ein fertiges Messer benutzt man, um andere herzustellen. LUVALE

Hast du deine ganze Kraft eingesetzt, so bitte die Geister um Hilfe. UGANDA

Alle sind beim Hausbau mit gutem Rat zur Stelle, aber keiner will auch nur eine Last Gras schleppen. OROMO

Setze mich bei flachem Wasser über, und ich werde dich bei tiefem Wasser übersetzen. LUYIA

Ohne Verbündeten kann das Feuer nicht über den Fluss gelangen. YORUBA

Wer dir in der Not hilft, ist deine Freundin. SWAHILI

Hilf mir bei der Überschwemmung, und ich helfe dir in der Dürre. HAYA

Hast du keinen, der dir hilft, kannst du den Elefanten nicht erlegen. OROMO

Hast du keine Zähne, musst du andere bitten, für dich zu beißen. TSWANA

Einem Menschen in Not nicht beizustehen heißt, ihn in deinem Herzen zu töten. YORUBA

Nur wenn man sich verirrt hat, sucht man nach einem Führer. HAUSA

Wer inmitten vieler Menschen in Schwierigkeiten gerät, wird Hilfe erfahren. KAONDE

Wer um Hilfe gerufen hat, hat aufgegeben. SHONA

Wer dir hilft, muss stärker sein als du. UGANDA

Die Hilfe, die du anderen gibst, wird bald dir selbst zugute kommen. EWE

Die Frau, die für dich die Schlange tötet, ist deine Nachbarin. SUKUMA

Helfen ist besser als lachen. SWAHILI

Wer sich bemüht, hat Hilfe verdient. GIKUYU

Wenn der Kopf ermüdet, übernimmt die Schulter die Last. IGBO

Hoffnung

Bis du das Grab füllst, darfst du die Hoffnung nicht aufgeben. UGANDA

Feuer verschlingt das Gras, doch nicht die Wurzeln. EWE

Hoffnung ist die Säule, auf der die Welt ruht. KANURI

Hoffnung tötet niemanden. KONGO

Das, worauf man hofft, ist besser als das, was man vorfindet. GALLA

Hoffnung darf nicht mit Verzweiflung verglichen werden. MAASAI

Humor

Spaß und Spott führen zum Streit, Streit raubt die Kontrolle über das Wort. SWAHILI

Selbst im Humor steckt Wahrheit. OVAMBO

Lachen ist überall auf der Welt dasselbe. YORUBA

Trotz Bitterkeit im Herzen kann man lachen. OVAMBO

Hunger

Ein hungriger Mann ist ein zorniger Mann. IGBO

Ein hungriger Mensch hat nichts anderes mehr im Kopf. NIGERIA

Ein hungriger Magen kennt kein Gesetz. TSONGA

Hunger verjagt die Seele und öffnet dem Wahnsinn die Tür. UGANDA

Hunger ist nicht wählerisch. UGANDA

Hunger ist die Abhilfe für schlechtes Kochen. HAUSA

Armseliges Essen bringt nicht so vielen den Tod wie Verhungern. TSHI

Süßigkeit stillt den Hunger nicht. GIKUYU

Der Bauch gibt die Arbeit an. TSONGA

Hunger will gestillt werden. TSHI

Hat einen der Hunger überfallen, verschwindet alle Rücksichtnahme. YORUBA

In Zeiten der Hungersnot leidet der Dicke mehr. UGANDA

Hast du Mitleid mit der Antilope, gehst du hungrig zu Bett. TSHI

Du planst, den Hunger in zwei Tagen zu besiegen, doch er tötet an einem Tag. UGANDA

Interesse

»Eine Botschaft ist keine schwere Last«, sagst du, wenn dir der Ort gefällt, wohin du geschickt wirst. GANDA

Ein Mann mit einer Glatze ist nicht an einem Rasiermesser interessiert. YORUBA

Ein Kind vergisst nicht, wo es ein Geschenk bekam. SUKUMA

Ein Hund verlässt nicht den Ort, wo er einen Knochen abnagte. LUYIA

Einen Hungrigen schickt man nie ins Vorratshaus. LUYIA

Der Besitzer des Hofs verjagt den Leopard, nicht irgend jemand sonst. HAUSA

Nur wer Zähne hat, sorgt sich wegen Zahnschmerzen. GBANDE

Die Frau, die dorthin entführt wird, wo sie gern verheiratet sein will, bittet ihre Leute, noch ein wenig zu warten, ehe sie etwas unternehmen. IGBO

Zum Eigenen ist der Weg nicht weit. OVAMBO

Intimes

Die Frau kennt den Mann, der über einen anderen als »Kleiner Penis« spricht. IGBO

Zusammen wohnen heißt sich kennen. GIKUYU

Eine Nacht in deinem Zimmer, und ich kenne das Loch im Dach. SWAHILI

Hast du kein eigenes Kind, wirst du anderen keine Ratschläge über Kinder geben. JABO

Jagen

Ein Jäger ohne Hund muss selbst ins Loch kriechen. OVAMBO

Der Jäger fürchtet Dornen nicht. SWAHILI

Der Elefantenjäger findet meistens durch Elefanten den Tod. SWAHILI

I/J

Den Elefanten nützt seine Größe nicht, denn der Jäger erlegt ihn. MAMPRUSSI

Für den Jäger ist das Tier, das entkommt, immer ein großes. TSHI

Niemand flicht ein Seil vor den Augen eines Tieres, das er fangen will. TSHI

Jugend

Alte Menschen sehen und schweigen, junge sehen und reden. IGBO

Wäre jugendliche Arroganz Reichtum, wäre jeder von uns reich gewesen. TSHI

Das erste Geld, das ein junger Mensch verdient, wird auf den Kauf von Nebensächlichkeiten verschwendet. YORUBA

Der junge Bulle besteigt die Kühe von vorn. GIKUYU

Kinder

Ein Kind ist ein größerer Reichtum als Geld. IGBO

Ein Gefangener, der an Stelle seines Sohnes freigelassen wird, ist noch immer nicht frei. IGBO

Ein Kind ist wie eine Axt – wenn sie dich schneidet, nimmst du sie trotzdem auf und trägst sie auf deiner Schulter. BEMBA

Ein Kind folgt immer den Wegen der Eltern. HAYA

Ein Kind sieht, soweit sein Horizont reicht. IGBO

Ein Kind muß korrigiert werden, ehe es zu spät ist. HAYA

Ein Kind, das viele Fragen stellt, ist nicht dumm. EWE

Ein Kind denkt: Sie werden mich schlagen, und nicht: Das wird mir Schande machen. UGANDA

Das gute Benehmen eines Kindes birgt großes Lob für die Eltern. SWAHILI

Abwesenheit lässt ein Kind nicht gedeihen. TSHI

Waisen suchen Rat bei sich selbst. SHONA

Zu viel Züchtigung lässt ein Kind verkümmern. IGBO

Dein hässliches Kind ist dir mehr wert als das schöne Kind deiner Nachbarin. GANDA

Biege den Stock, solange er grün ist. MAMPRUSSI

Hühnchen, suche Futter für deine Mutter, früher hat sie es für dich gesucht! OVAMBO

Kinder sind nicht nur da, um sich an ihnen zu erfreuen – der Mann, der von seinen Kindern begraben wird, hat sie dafür in die Welt gesetzt. YORUBA

Wenn Kinder sich selbst versorgen, können sie nie genug bekommen. GANDA

Denk nicht erst an das Kind, wenn du das Essen schon geschluckt hast. SHONA

Selbst wenn du der Mutter nichts schenken willst, beschenkst du sie trotzdem, wegen des Kindes. IGBO

Jene, die ein Kind hinterlässt, lebt ewig. CHAGGA

Wenn ein Kind mir sagt, wohin es geht, sage ich ihm, was es sagen soll. IGBO

Liebst du die Kinder anderer, liebst du deine eigenen Kinder umso mehr. SWAHILI

Es ist leicht hinauf zu klettern, aber zum Herunterkommen rufen die Kinder nach der Mutter. SHONA

Kleiner Palmbaum, hör auf zu weinen, dein Kind ist der große Palmbaum. TSHI

Viele Kinder, viele Gräber. TSONGA

Niemand gibt einem Kind einen schwierigen Auftrag und wird böse, wenn er nicht gut ausgeführt wird. ASHANTI

Das Kind kauft, was es mag. TSHI

Der Säugling macht Gesetze. TSONGA

Die Frau, deren Söhne gestorben sind, ist reicher als die unfruchtbare Frau. GIKUYU

Kind sein schmerzt. TSHI

Kinder zu gebären bedeutet Reichtum, sich schön anzuziehen, ist nichts als Farbe. TSONGA

Viele Kinder zu bekommen bedeutet, viele Tränen zu vergießen. SHONA

Mit einem kleinen Kind gehen heißt, auf es zu warten. KAONDE

Was die Eltern um Mitternacht sagen, sagen die Kinder am Mittag. OROMO

Tut ein Kind, was es nicht tun soll, erleidet es, was es nicht erleiden soll. TSHI

Bricht die Ziegenmutter dort ein, wo die Yams aufbewahrt werden, schaut ihr Junges zu. IGBO

Wer einem Kind davonläuft, muss immer zurückschauen. FIPA

Mit der rechten Hand schlägt man ein Kind und mit der linken drückt man es an sich. NUPE

Die Kinder anderer Leute erzieht man zu Eseln, die eigenen zu Pferden, die kein Feuerholz tragen. OVAMBO

Das Kind, das nicht auf seinen Vater hört, wird nicht alt. ITESO

Will ein Kind immer bei den Ältesten sein, wird es zu schnell erwachsen. TSHI

Man gibt einem Kind bei seiner Rückkehr keine Anweisungen, sondern wenn es aufbricht. LAMBA

Klein und Groß

Etwas Kleines, das gedeiht, ist besser als etwas Großes, das kränkelt. GANDA

Eine Stadt, in der ein Wolf am hellichten Tage Menschen umbringt, ist ein Ort des Schreckens in der Nacht. YORUBA

Wer tausend gesehen hat, findet kein Lob für hundert. TWI

Eine Frau, die vom Regen durchnässt wurde, fürchtet sich nicht mehr davor, durch den Morgentau zu gehen. SHONA

Wer ein Tier schlachtet, zögert nicht es zu häuten. SWAHILI

Wenn eine Schildkröte mit ihrem Stahlpanzer zu Tode brennen kann, wieviel mehr dann ein Huhn mit seinem Bündel Federn? NIGERIA

Verachtet jemand eine Kuh, verachtet er auch ihr Fell. GIKUYU

Das Tier, das der Leopard nicht fressen konnte, verspeist auch die Katze nicht. TSHI

Bringt dich das Jahr nicht um, wird es auch dieser Tag nicht tun. MAMPRUSSI

K

Wackelnde Zähne sind besser als gar keine. GANDA

Wer ein Ei isst, isst auch das Küken. SHONA

Wer einen Ast hinter sich herzieht, zieht auch die Blätter mit. SHONA

Das Auge, das den König gesehen hat, fürchtet seinen Offizier nicht. YORUBA

Augen, die den Ozean gesehen haben, brauchen sich nicht mehr vor der Lagune zu fürchten. YORUBA

Hast du die Berge gesehen, beeindrucken dich die Täler nicht mehr. SWAHILI

Die Hyäne sagte: »Ich bin schnellfüßig«, aber die Felder sagten: »Wir sind groß«. TSWANA

Der Besitzer eines Welpen besitzt bereits einen Hund. IGBO

Jeder Fluss, der ins Meer mündet, verliert seinen Namen. TSHI

Nicht nur Riesen vollbringen große Dinge. JABO

Klugheit

Einem, der alles weiß, kann es passieren, dass er Wasser mit einem Korb schöpft. IGBO

Das Herumtragen von Büchern macht keinen klug. SWAHILI

Ein gescheites Kind bedarf nur einer Lektion. MONGO

Einem intelligenten Menschen braucht man nicht alles zu erklären. GIKUYU

Jemandes Klugheit ist auch seine Torheit. SWAHILI

Was Klugheit versteckt, wird Klugheit aufdecken. FULBE

Wo ein kluger Arzt versagt, versuch einen weniger klugen. TSWANA

Klugheit ist Reichtum. SWAHILI

Können

Wirf den Speer nicht, bevor du das Ziel im Auge hast. ALTÄGYPTEN

Wer sich in der Nacht nicht verirrt, wird auch am Tage nicht in die Irre gehen. HAUSA

Man trägt nur die Last, die man tragen kann. TSHI

Eine kleine Axt fällt einen großen Baum. MONGO

Wer ein scharfes Messer hat, der isst das Fleisch. SWAHILI

Ein Steuermann, der in die Ferne schaut, läßt das Schiff nicht kentern. ALTÄGYPTEN

Nur wenn du die Kuh kennst, kannst du ihr Kalb einfangen. OROMO

Was nicht vollbracht werden kann, sollte nie unternommen werden. YORUBA

Frag nicht nach dem Preis, wenn du nicht bezahlen kannst. MADAGASKAR

Wer sich nicht selbst gesund erhält, kann andere nicht heilen. UGANDA

Wer den Bogen hat, der schießt. LAMBA

Will dir einer ein Kleid schenken, sieh dir an, was er auf dem
Rücken trägt. HAUSA

Würden alle zum Schmied werden, wenn jeder einen Hammer
hätte? AFRIKA

Auch ein Lahmer kann tanzen – nur seine Beine hindern ihn
daran. YORUBA

Wer gehen kann, stolpert nicht. SWAHILI

Die Henne frißt Yamswurzeln und Körner und schreit
trotzdem, sie habe keine Zähne. IGBO

Wer Wein kauft, trinkt kein Wasser. TSHI

Den Klang der Trommel bestimmt der Trommler. SHONA

Eine alte Frau ist nicht alt, wenn sie zu einem Lied gut tanzt.
NIGERIA

Erfahrung wird akzeptiert, wenn sie von Experten kommt.
SHONA

Fischen in tiefem Wasser erfordert Geschicklichkeit. SWAHILI

Nicht die Falle ist entscheidend, sondern die Kunst des
Fallenstellens. GIKUYU

Überlass die Handhabung des Gewehrs dem Jäger. NAMIBIA

Niemand kann tun, was ein Experte nicht tun kann. SHONA

Niemand kann einen Pavian durch Tricks hereinlegen. OJI

Eine glatte See macht keine geschickten Seefahrer. SWAHILI

Nur mit einem, der damit gekämpft hat, kannst du über
Speere sprechen. GANDA

Konsequenzen

Der Mund, der Pfeffer gegessen hat, muss die Folgen tragen.
IDOMA

Wie man dir das Bett bereitet, so wirst du schlafen. SWAHILI

Wer in ein Wespennest sticht, muss schnell laufen können.
TSONGA

Geschnappt zu werden, heißt noch nicht im Gefängnis zu sein.
GIKUYU

Zeige Raupen keine Blätter. MONGO

Wer Fragen stellt, muss auf Antworten gefasst sein. IGBO

Wer eine Führerpersönlichkeit verachtet, verachtet nicht nur
eine einzelne Person. UGANDA

Einer, der an Land fischt, fängt nur Eidechsen. MADAGASKAR

Wer einen Krieg vom Zaun bricht, muss kämpfen können.
TSONGA

Wer einen Ruf zurückweist, weist zurück, wozu er berufen ist.
SWAHILI

Wo etwas fault, stinkt es. MAMPRUSSI

Isst dein Verwandter giftige Insekten und du warnst ihn nicht,
werden dir seine Schmerzen eine schlaflose Nacht bereiten.
YORUBA

Wer deine Geschicklichkeit beim Klettern preist, sagt auch
deinen Fall voraus. EWE

Wenn wir die Augen schließen, um einen bösen Menschen
nicht sehen zu müssen – wie wollen wir dann einen guten
Menschen erblicken? XHOSA

Bist du unfreundlich und fängst an zu streiten, hast du nicht
viele auf deiner Seite. TSHI

Es ist nie gut, einen reichen Mann zu besiegen. IGBO

Zündest du ein Haus an, bleibt Rauch nicht verborgen.
UGANDA

Ärgere dich nicht über die schwarze Asche, wenn du das Gras
der Savanne anzündest. UGANDA

Zerstörst du eine Brücke, so sei sicher, dass du schwimmen
kannst. SWAHILI

Wenn du tust, was du nicht tun sollst, siehst du, was du nicht sehen sollst. TSHI

Verrichtest du deine Notdurft mitten auf dem Weg, wirst du auf dem Rückweg hineintreten. MAMPRUSSI

Es ist leicht genug, ein Huhn zu stehlen, aber wo wirst du es essen? HAUSA

Überfällt der Leopard jemanden und schleppt ihn weg, nimmt er auch dessen Schatten mit fort. IGBO

Die Frau, die ihre Kleider ausgezogen hat, darf sich vor einem langen Penis nicht fürchten. UGANDA

Wer ein Stinktier häutet, darf sich nicht am Gestank stören. SHONA

Lässt man sein Wasser in den Fluss, kommt es als Trinkwasser zurück. IGBO

Wer den Dieb zum Stehlen schickt, schickt auch den Bauern hinter ihm her. YORUBA

Wo der Penis hineingeht, kommt das Kind raus. MAMPRUSSI

Wasser, das man über den Kopf gießt, kommt bei den Füßen an. OROMO

Was gesät wurde, geht auf. OROMO

Trägt einer eine Kiste, trägt er auch ihren Inhalt. TSHI

Tut ein Kind, was Erwachsene tun, erleidet es auch, was Erwachsene erleiden. TSHI

Lernt ein Kind klettern, lernt die Mutter weinen. IGBO

Ist der älteste Sohn zu dick, ist der jüngste zu dünn. MADAGASKAR

Wo der Hammer mehrmals hinschlägt, entsteht schließlich ein Loch. GANDA

Wo zwei Elefanten miteinander kämpfen, wächst nie mehr Gras. YORUBA

Was immer eine Schlange zur Welt bringt, muss sehr lang sein. IGBO

Krankheit

Ein Kranker verachtet keine Medizin. HAUSA

Krankheit hat keine anderen Namen als: »Verbirg mich!« und »Ich bringe dir den Tod«. YORUBA

Nimmst du dir nicht die Zeit, dich um deine Krankheit zu kümmern, hast du genug Zeit zum Sterben. TSHI

Krankheit betritt den Körper unter weniger Schwierigkeiten, als ihr auf dem Rückweg bereitet werden. GIKUYU

Ein Tag Fieber raubt die Gesundheit eines ganzen Jahres. SWAHILI

Die Krankheit, die sich angekündigt hat, tötet den Patienten nicht. IGBO

Krieg

Krieg zeugt keine gute Nachkommenschaft. MONGO

In der vordersten Schlachtreihe kämpfen keine ersten und einzigen Söhne. MONGO

Die nicht im Krieg gefallen sind, beginnen ihn. GIKUYU

Die Verwandten eines Feiglings lachen, aber die eines mächtigen Kämpfers klagen. GANDA

Der bewaffnete Mann kennt keinen Krieg. BONDEI

Die Mutter des Tapferen weinte, die Mutter des Schüchternen lachte. GIRIAMA

Langsam zieht man in den Krieg. TSHI

Kritik

Der Tapfere wird nur hinter seinem Rücken kritisiert. IGBO

Schau nicht auf das herab, was du nicht selbst geschaffen hast. UGANDA

Kritisiere andere nicht, wenn du nicht selbst perfekt bist. HAYA

Willst du keine Kritik annehmen, dann sieh zu, wo du bleibst.
TSONGA

Nicht die Frau wird kritisiert, nur das, was sie sagt.
SÜDLICHES AFRIKA

Im Tadel spiegelt sich das Benehmen. UGANDA

Wer etwas gegen den Stand des Mondes hat, der soll
hinaufsteigen und ihn richtig hinstellen. HAUSA

Du kannst nicht mit einem beschuldigenden Finger auf andere
zeigen, ohne dass nicht drei davon auf dich selbst weisen.
IGBO

Langsamkeit

Geh langsam, damit du sicher ankommst. SWAHILI

Wähle lieber den längeren Weg und sei sicher, dein Ziel zu
erreichen. LUYIA

Langsamkeit ist bisweilen vorteilhafter als Geschwindigkeit.
TSHI

Dornen stechen langsam, wenn man langsam geht. OROMO

Du bist nicht in Eile – wie ein Glatzköpfiger, der sein
Rasiermesser holt. GANDA

Die Schildkröte sagt: »Schnelligkeit ist eine gute Sache, aber
Langsamkeit auch.« TSHI

Leben

Ein lebendiger Hund ist besser als ein toter Löwe. IGBO

So lange wir am Leben sind, liegt vieles vor uns, das wir
erreichen können. YORUBA

Schreie nach Leben, schreie nicht nach Geld! TSHI

Enttäuschungen sind nicht schwer, und das Glück ist auch
nicht schwer. JABO

Das Leben kann rückwärts verstanden werden, doch wir leben
es vorwärts. SWAHILI

Wer den ganzen Tag über ernst ist, wird nie das Leben genießen, und wer den ganzen Tag über leichtsinnig ist, wird nie einen Haushalt gründen. ALTÄGYPTEN

Die Tiefe im Leben eines Menschen ist wichtiger als die Länge. SWAHILI

Drei Dinge sind in diesem Leben wichtig: Mut, gesunder Menschenverstand und Vorsicht. HAUSA

Christliches Leben ist im Herzen der Menschen, nicht in ihren Worten. TSHWA

Es besteht kein Unterschied zwischen alt werden und leben. GIKUYU

Wer den Körper zerstört, zerstört nicht die Seele. SWAHILI

Mit Leichtigkeit

Es ist leicht, einen toten Elefanten zu zerschneiden. YORUBA

Aufsteigen ist leichter als absteigen. UGANDA

Ist kein Deckel auf dem Honigtopf, kann sich jedermann daraus bedienen. MADAGASKAR

Was schnell erworben wird, geht schnell verloren. GIKUYU

Ein Lied, das leicht zu singen ist, bereitet auch dem Echo keine Schwierigkeiten. YORUBA

Auf eine gestürzte Palme kann auch eine alte Frau klettern. IGBO

Es ist nicht schwierig, den Kopf eines schlafenden Kindes zu rasieren. EWE

Leid und Verzweiflung

Macht sich das Herz Sorgen, fließen Tränen. OROMO

Grübeln stürzt noch tiefer in Verzweiflung. SHONA

Deine Verzweiflung darf nicht dazu führen, dass du den Tod einem Leben im Unglück vorziehst. ALTÄGYPTEN

Das Leid ist wie ein kostbarer Schatz, den man nur Freunden zeigt. MADAGASKAR

Leid erzieht. THONGA

Die Totengräber vergessen schnell, nicht aber die Trauernden. SUKUMA

Einer, der gefallen ist, weiß, was er hätte tun müssen, um nicht zu fallen. GANDA

Leiden

Vergessen heilt Leiden. SWAHILI

Wer mit einer Flaschenscherbe rasiert wurde, wird das nie vergessen. SWAHILI

Eisen muss durchs Feuer, um hart zu werden. SWAHILI

Leiden tötet nicht, es lehrt Sinn. MAMPRUSSI

Im Leiden teilst du mit, was im Vertrauen geschah. HAYA

Die Axt vergisst, doch nicht der gespaltene Stamm. SHONA

Wer viel leidet, weiß viel. HO

Die Zeit vergeht, doch das Leiden hinterlässt seine Narben. UGANDA

Leihen und Ausleihen

Eine Schuld lässt sich nicht mit einer anderen begleichen. SHONA

Ein Schuldner, der Geld leiht, um seine Schuld zu bezahlen, bleibt ein Schuldner. IGBO

Der geliehene Topf zerbricht immer. UGANDA

Leihen ist Hochzeit, zurückzahlen Beerdigung. SWAHILI

Leihen ist das Erstgeborene der Armut. FULBE

Verzichten ist besser als leihen. SWAHILI

Leihst du einem Freund Geld, machst du ihn dir zum Feind.
SWAHILI

Geliehene Kleider passen nie. SWAHILI

Man kann nicht Schulden haben und trotzdem große Reden
halten. YORUBA

Geliehener Schmuck macht den Hals müde. GIKUYU

Leihen schmeckt süß, zurückzahlen sauer. HAUSA

Geld zu verleihen bedeutet Vertrauen, es zu verweigern den
Tod. SWAHILI

Was dir geliehen wird, kann dir wieder genommen werden,
auch wenn du es noch brauchst. LUYIA

Leihst du jemandem Geld, magst du es im Sitzen tun, doch
willst du das Darlehen zurückhaben, musst du aufstehen.
GANDA

Liebe

Wer einen unansehnlichen Menschen liebt, verleiht ihm
Schönheit. GANDA

Ein Toter wird geliebt. SWAHILI

Ein liebendes Herz verweigert Hilfe nie. UGANDA

Ein Klaps aus Liebe tut nicht weh. SWAHILI

Wer von seiner Frau geliebt wird, hat keine Schwierigkeiten,
sich zu unterhalten. MADAGASKAR

Der Frau, die geliebt wird, wird nichts verweigert. GIKUYU

Wer dich liebt, warnt dich. GANDA

Wer dich liebt, liebt dich auch mit all deinem Schmutz.
UGANDA

Es genügt nicht zu lieben, wenn die Liebe nicht erwidert wird.
TSONGA

Liebe tritt durch die Tür, auch wo es verboten ist. THONGA

●●

Liebe hat weder Augen noch Verstand. SWAHILI

Liebe ist ein Versteck – sie verbirgt alle Fehler. SHONA

Liebe ist nur Liebe, wenn beide Seiten betroffen sind.
SWAHILI

Liebe ist die größte aller Tugenden. TSHI

Möge deine Liebe nicht wie ein Stein sein – wenn er zerbricht,
kann man die Stücke nicht mehr zusammensetzen. Möge
deine Liebe wie Eisen sein – wenn es zerbricht, kann man die
Stücke wieder anschweißen. MADAGASKAR

Man liebt sich nicht, wenn man nicht etwas vom andern
annimmt. KANURI

Wer dich liebt, wird dir die Wahrheit nicht vorenthalten.
UGANDA

L

Der Ort, wo der Geliebte ist, ist immer nahe. GIKUYU

Ohne unser Wissen öffnet die Liebe die Tür zur Erkenntnis.
SWAHILI

Wer geliebt wird, hat keine Fehler. SWAHILI

Der Mann, der nicht eifersüchtig in der Liebe ist, liebt nicht
wirklich. TAMASHEK

Wer dir zu essen gibt, liebt dich. SWAHILI

Der Weg zur Geliebten ist nicht dornig. DUALA

Erkundigen sich die Leute nach deinem Wohlergehen, heißt
das noch lange nicht, dass sie dich lieben. MAMPRUSSI

Es gibt einen, der dich liebt, nachdem er dich gesehen hat,
und es gibt einen, der dich liebt, ohne dich gesehen zu haben.
SWAHILI

Lieben heißt ohne Zwang zu lieben. GIKUYU

In der Liebe muss Wahrheit sein und in der Wahrheit Liebe.
SWAHILI

Was du liebst, lebt lange. GANDA

●●●●●●●●●●●●●●●●●●●●●●●●●●●●●●●●●●●

Du weißt, wen du liebst, doch du kannst nicht wissen, wer dich liebt. YORUBA

Du magst den verurteilen, den du liebst, doch du bezahlst seine Strafe für ihn. GANDA

Lob
Meide jene, die dich stets loben. SWAHILI

Arbeitet ein Kind und du lobst es, erhält es die Kraft, dasselbe noch einmal zu tun. MAMPRUSSI

Lob geziemt jenen, die sich verdient gemacht haben. SWAHILI

Um Menschen zu ermutigen, musst du sie loben. YORUBA

Wird ein Geschenk gelobt, wird es ein neues Geschenk zeugen. IGBO

Lösungen finden
Jede Tür hat ihren eigenen Schlüssel. SWAHILI

Mache dich schmutzig – Wasser wird den Schmutz beseitigen; streite dich – der Mund wird den Streit schlichten; Sorge und Leid überwältigen dich – du kannst deine Freunde um Hilfe bitten. MADAGASKAR

Er hat gesehen, wie er hinaufklettern kann, wie er wieder heruntergelangt, das sieht er aber nicht. GANDA

Willst du ein Problem lösen und weißt nicht wie – dann hast du die Lösung. TSHI

Lautes Gerede bringt keine Lösung. OVAMBO

Lohn und Belohnung
Wer Wein verdient, sollte nicht Wasser bekommen. TSHI

Dahin, wo nichts ist, führt ein weiter Weg, wo aber etwas ist, bist du entschlossen hinzukommen. SHONA

Taten werden belohnt: Hinterlässt du auf dem Weg einen Kothaufen, begegnest du auf dem Rückweg vielen Fliegen. YORUBA

Die Ratte sagt: »Lege genug zu essen in die Falle«, denn sie riskiert ihren Kopf. EFIK

Wer nichts gibt, darf auch nichts entgegennehmen. YORUBA

Wer gut arbeitet, wird entsprechend bezahlt. SWAHILI

Einem nutzlosen Hund fällt oft ein schmackhafter Knochen ins Maul. SHONA

Was du säst, wirst du ernten. YORUBA

Lache über einen behinderten Menschen, und du wirst ein behindertes Kind zur Welt bringen. SWAHILI

Die Chakata-Frucht am Boden gehört allen, aber die am Baum ist für den, der klettern kann. SHONA

Dem Mann, der den Brunnen gegraben hat, ist das Wasser nicht verboten. SWAHILI

Wer die Wespe herausfordert, wird gestochen werden. IGBO

Die Hacke stiehlt nicht, wo sie gehackt hat. GANDA

Die Person, deren Kopf benutzt wurde, um die Kokosnuss daran zu knacken, wird nichts davon essen wollen. YORUBA

Wie ein Mensch isst, so arbeitet er auch. OVAMBO

Lügen

Kinder versuchen, durch eine Lüge der Strafe zu entgehen. GANDA

Falsche Anschuldigungen schmerzen mehr als eine Messerwunde. IGBO

Wenn du Lügen erzählst, musst du rennen können. TSHI

Lügner müssen ein gutes Gedächtnis haben. SWAHILI

Wer Falschheit sät, erntet Betrug. AFRIKA

Lügen kehren wieder. KAONDE

Eine Lüge zerstört tausend Wahrheiten. TWI

Wer ohne Begleiter reist, erzählt Lügengeschichten. TSHI

Wer nicht lügt, bleibt nicht am Leben. OVAMBO

Wer mit Lügen handelt, wird in Wahrheit bezahlen. HAUSA

Niemand ist klug, wenn er betrogen wird. MAASAI

Macht und Autorität

Der Eid eines Herrschers ist gleich dem Loch, in das die
Yamsknolle gepflanzt wird – niemand fällt hinein und kommt
unversehrt wieder heraus. TSHI

Einer, der stärker ist als du, schlägt dich mit deinem eigenen
Stock. GANDA

Lass dein Vieh nicht mit dem des Herrschers grasen. SHONA

Jede Macht untersteht einer anderen Macht. SHONA

Üblicherweise ist Gott auf der Seite der Mächtigen. TSWANA

Wer dich mit Essen versorgt, hält ein Auge auf dich. LUYIA

Er wird dich in deinem eigenen Öl braten. TEMNE

Wer das Sagen hat, hustet nie. MONGO

Tritt ein Elefant auf eine gestellte Falle, springt er nicht zurück.
TSHI

Nur wenn der Elefant schon tot ist, darf man das Messer
schwingen – wer würde es in Gegenwart eines lebendigen
Elefanten tun? YORUBA

Wer Kraft hat, ist im Besitz der Wahrheit. MAMPRUSSI

Die Axt eines Starken wird von einem Starken geholt.
ACHOLI

Die Großen fressen die Kleinen. SWAHILI

Die Schlingpflanze, die so dick ist wie eine Palme, kann den
Elefanten nicht aufhalten; die Schlingpflanze, die dem
Elefanten sagt, einen anderen Weg zu nehmen, muss ihn auf
seinem Weg begleiten. YORUBA

Der Elefant zerstört alle, die in seiner Nähe sind. ZULU

Der Elefant flieht nicht vor einem Hund; selbst der Besitzer von zweihundert Hunden kann den Elefant nicht jagen. YORUBA

Das bevorzugte Essen deines Herrn ist auch dein bevorzugtes Essen. TWI

Der König aller Zahlen ist mehr als der König aller Kräfte. HAUSA

Was die Macht getan hat, kann der Hass nicht ungeschehen machen. UGANDA

Wenn der Löwe brüllt, schweigen alle anderen Tiere. SWAHILI

Im Schatten eines großen Baumes wachsen immer kleine Bäume. MAMPRUSSI

Der Diener des Herrschers flößt den Menschen Furcht vor dem Herrscher ein. TSHI

Der Diener des Königs ist auch ein König. IGBO

Ein Hund bellt seinen Besitzer nicht an. IGBO

Nur der Besitzer darf sagen: »Wir wollen es schlachten.« UGANDA

Sie taten dem Hund nichts, weil sie seinen Herrn fürchteten. MAMPRUSSI

Nur der Herr des Hundes darf ihm den Knochen wegnehmen. JABO

Wenn ein Erwachsener nicht tut, was er sagt, respektieren ihn die Kinder nicht mehr. TSHI

Männer

Ein Mann und Prahlerei gehören zusammen. MAASAI

Wegen der Männer tragen wir Schwerter. TSHI

Der Hase hat ein Sprichwort, das heißt: »Wirst du als Mann geboren, musst du unmögliche Aufgaben erfüllen.« TSHI

• •

Wer sich schämt, mit seiner Frau zu schlafen, wird keine
Kinder bekommen. ALTÄGYPTEN

Die Tränen eines Mannes fallen auf seine Brust, denn er weint
mit gesenktem Kopf. NDEBELE

Was einem Tier gefällt, mag für einen Mann bitter sein.
NANDI

Mäßigung

Ist dein Umschlagtuch schmutzig, wäschst du es, du verbrennst
es nicht. TSHI

Man schlägt einen Hund nicht, bis ihm die Zähne ausfallen.
JABO

Hart sein heißt nicht, hart wie ein Stein, und weich sein heißt
nicht, weich wie Wasser. GIKUYU

Ein Stirnrunzeln ist keine Ohrfeige. HAUSA

Nur das Wasser wurde verschüttet, die Kalebasse ist nicht
zerbrochen. YORUBA

»Du bist hässlich« ist etwas anderes als »Du bist sehr hässlich«.
TSHI

Weint ein Kind viel, weiß niemand, ob es nicht schlimm
geschlagen wurde. IGBO

Einmal mit dem Finger im Honigtopf heißt nicht, dass der
ganze Topf leer ist. UGANDA

Übertriebene Liebe schafft übertriebenen Hass. OROMO

Wird der Bogen zu stark gespannt, bricht er. OVAMBO

Feiert man, muss man sich überarbeiten. IGBO

Verspeist einer allein den ganzen Honig, bekommt er
Bauchschmerzen. TSHI

Willst du zu viel aufheben, fällt einiges wieder herunter. TSHI

Keiner schlägt eine alte Frau nieder, um zu sehen, wo sie
hinfällt. TSHI

Bemühst du dich zu sehr, etwas zu bekommen, verlierst du es.
FULBE

Ein zu schweres Bündel bricht dem Holzsammler den Rücken.
UGANDA

Man schneidet niemanden den Kopf auf, um zu sehen, was
drin ist. TSHI

Mangel

Hat ein Baum keine Zweige, wirft er keinen Schatten.
SUKUMA

Ein Stock, der außer Reichweite liegt, hilft dir im Kampf nicht.
TSONGA

Eine leere Hand geht nicht zum Markt. EWE

Ein Eisenschmied hat nie ein Messer. TSWANA

Ist kein Feuerholz da, stirbt das Feuer. SWAHILI

Besitzt man nur wenige Kleider, kann keines als altmodisch
gelten. YORUBA

Die Nadel sagt, sie lebe inmitten von Stoffballen und sei
trotzdem nackt. EWE

Die Frau des Töpfers isst aus einem Scherben. UGANDA

Die Frau mit einem schönen Tuch hat kein Kind, während
jene, die ein Kind hat, kein Tuch besitzt. KORANKO

Mit einem Schlag fällt man keinen Baum. HAUSA

Neben dem herzulaufen, der Wasser trägt, schafft dem
Schmutz noch keine Abhilfe. HAUSA

Menschliches

Ein Pavian ist ein menschliches Wesen – er kennt die Kunst
heimlichen Stehlens. SHONA

Anders als ein Land kann man einen Menschen nie ganz
kennen. TSWANA

Ein Mann ist ein Mann und ein Hund ein Hund. LAMBA

Eine Hexe ist ein Mensch – wenn man sie sticht, schreit sie.
SHONA

Wie Schuld in der Unschuld, so gibt es auch Unschuld in der
Schuld. YORUBA

Falschheit gab es nicht nur gestern. GANDA

Haustiere können zu Sklaven gemacht werden, Menschen
werden sich immer befreien. SHONA

Selbst ein Narr ist ein Mensch. OVAMBO

Gott liebt den, der für die Armen sorgt, mehr als den, der den
Reichen huldigt. ALTÄGYPTEN

Wer Strafen auferlegt, verbietet das Weinen nicht. EWE

Um Übeltäter zu finden, bekommt jeder Mensch einen
Namen. TSHI

Bist du sehr krank, versprichst du eine Ziege, doch wenn du
wieder gesund bist, scheint ein Huhn genug. JUKUN

Wer sich seinen eigenen Stock geschnitzt hat, verteidigt ihn.
UGANDA

Sprachen unterscheiden sich, doch ein Husten ist überall
derselbe. NIGERIA

Auf den Menschen kommt es an – rufe ich »Gold«, antwortet
es nicht; rufe ich »Kleidung«, antwortet sie nicht – auf den
Menschen kommt es an. TWI

Ein schlüpfriger Boden erkennt auch den König nicht an.
LUYIA

Aus jedem Dach steigt Rauch. BAMBARA

Große und kleine Zähne – alle kauen auf dieselbe Weise.
TSHI

Es gibt keinen Fuß, der nicht stolpert. ZULU

Wo nichts zu verlieren ist, ist nichts zu fürchten. SWAHILI

Jugend ist Hoffnung, Alter Erinnerung. SWAHILI

Misstrauen

Eine Mutter, die stiehlt, traut der Tochter nicht. OROMO

Wer seinen Nachbarn hasst, sollte den Argwohn bedenken, der aufkommen wird, wenn seinen Nachbarn ein Unglück heimsucht. IGBO

Betrüger kaufen einander nichts ab. ZULU

Geht ein Blinder ohne Stock, fordert er die Leute auf, ihm Fragen zu stellen. SHONA

Gerade als meine Schafe verloren gegangen waren, schiss die Hyäne Wolle. UGANDA

Niemand bekennt, dass er Yams mit einem fehlenden Messer gegessen hat. YORUBA

Wer als Dieb verdächtigt wird, sollte kein junges Haustier in die Hand nehmen, um mit ihm zu spielen. YORUBA

Mitgefühl

Einer, der dich kennt, hat Mitleid mit dir. HAYA

Wer nicht gelitten hat, kann kein Mitleid zeigen. GANDA

Nimmt das Elend eines anderen kein Ende, hörst du nicht auf, ihm dein Mitgefühl zu zeigen. TSHI

Wenn du einen schönen Menschen umbringst, schau nicht in sein Gesicht. GIRIAMA

Eine Mutter fühlt Mitleid mit einer anderen Mutter. SWAHILI

Bei der Beerdigung beweint man die Lebenden, nicht die Toten. IGBO

Mitleid heilt eine Wunde nicht. TSHI

Um einen, der sich selbst Unheil zufügt, weint man nicht, doch wem Unheil widerfährt, dem zeigt man Mitgefühl. NDEBELE

Weint eine Frau, hilft ihr dein Weinen. TSHI

Weint das Auge, wird auch die Nase nass. DUALA

Weißt du, was dich selbst verletzt, weißt du, was andere
verletzt. MADAGASKAR

Mittel und Wege

Auch ein scharfes Buschmesser kann nicht von allein Gras
schneiden – ein Mann muss es führen. YORUBA

Ein Messer ohne Griff kann nicht schnitzen. SWAHILI

In der Wildnis hast du dir einen Dorn eingetreten – du nimmst
einen anderen Dorn, um den eingetretenen herauszuziehen.
GANDA

Folge der Biene, damit du Honig essen kannst. SWAHILI

Dem krummen Loch ein krummer Draht. FULBE

Wer eine Axt hat, dem mangelt es nicht an Feuerholz.
SWAHILI

Das Ohr durchdringt die Finsternis, das Auge nicht. MAASAI

Das Langhornrind spießt so auf, wie seine Hörner gewachsen
sind. UGANDA

Das Messer zum Abhäuten eines Elefanten muss nicht groß
sein, solange es nur scharf ist. HAUSA

Mit Schuhen kann man inmitten lauter Dornen vorankommen.
YORUBA

Ohne Zähne wird kein Knochen geknackt. SWAHILI

Mit einem Stock in der Hand darfst du es nicht zulassen, dass
ein Hund dich beißt. YORUBA

Schwimmend kannst du den Ozean nicht überqueren.
SWAHILI

Motive

Die Liebe, die man einem Hahn erweist, entspringt dem
Wunsch, sein Fleisch unter den Zutaten zu einem Gericht zu
sehen. YORUBA

Wer sich am Feuer wärmt, wenn die Sonne scheint, hat seine Gründe dafür. GIKUYU

Der Fremde, der gut Freund mit dir werden will, hat deine hübsche Schwester gesehen. UGANDA

Nicht ohne Grund dreht der Geier seine Kreise. KAMBA

Es gibt Leute, die helfen dir, einen Korb auf den Kopf zu setzen, weil sie wissen wollen, was du darin trägst. WOLOF

Ein Mensch hat nichts dagegen, dass man ihn ruft, aber er wehrt sich gegen das, wozu man ihn gerufen hat. SWAHILI

Wessen Fleisch roh ist, der rückt näher ans Feuer. KANURI/ BORNU

Wer fragt, hat das Bedürfnis etwas zu erfahren. SWAHILI

Wer etwas braucht, wird auch einen schlechten Weg nicht scheuen, um es zu bekommen. TSHI

Wer einen Dorn im Fuß hat, hinkt zu dem, der ihm hilft ihn auszuziehen. YORUBA

Wer etwas braucht, ist nicht schüchtern. GIKUYU

Was notwendig ist, wird getan. MAMPRUSSI

Ein Mensch rennt nicht grundlos ins Dorngestrüpp. Entweder verfolgt er eine Schlange oder die Schlange ihn. YORUBA

Mühe

Eine Trommel, die niemand berührt, spricht nicht. JABO

Früchte tragen beugt die Spitze der Bananenstaude. GIKUYU

Schilfhalme, so leicht sie auch sind, werden auf einem langen Weg schwer. LUYIA

Anstrengung und Können sind zwei verschiedene Dinge. MAASAI

Wer noch nicht am Ziel ist, wird nicht müde. LUYIA

Weiß einer nicht, was er tun soll, tut er, was er kann. IGBO

● ●

Sammelst du kein Feuerholz, kannst du dich nicht wärmen. OVAMBO

Stehst du nicht auf, wenn du nicht aufstehen willst, kommst du nie zu der Zeit an, zu der du ankommen willst. FULBE

Versuchst du nicht zu schießen, triffst du nichts. OVAMBO

Wenn du nicht in den Wald gehen willst, erwarte nicht vom Wildschwein, dass es zu dir kommt. MADAGASKAR

Schickst du niemanden auf den Markt, schickt der Markt auch niemanden zu dir. YORUBA

Tust du das Beste, das dir möglich ist, wirst du den Sieg davontragen. TSHI

»Ich bin müde« heißt nicht unbedingt Faulheit. MAMPRUSSI

Sich an ein volles Vorratshaus anzulehnen hilft einem hungrigen Mann nicht. FULBE

Fortschritt hängt von der Mühe ab, die man sich gibt. HAYA

Weitergehen verkürzt den Weg, nicht Ausruhen. TSONGA

Suche viel, um weniges zu erlangen. MAMPRUSSI

Manche Steine sind hübsch als Halsschmuck – doch wer bohrt die Löcher in den Stein? IGBO

Für das, was nahe ist, braucht man nur den Arm auszustrecken. PEDI

Der Vogel wird dir nicht in den Pfeil fliegen. OVAMBO

Nicht umsonst wird die Hacke stumpf. ACHOLI

Das Huhn, das scharrt, findet den Wurm. SHERBRO

Der Hase rennt nicht dem Hund hinterher. OVAMBO

Um Gutes zu erlangen, musst du danach Ausschau halten. GANDA

Ein Wald wächst von allein – ein Feld wächst, wenn es seinen Herrn sieht. SHONA

Klopft das Glück an deine Tür, musst du selbst gehen und die Tür öffnen. SWAHILI

Wer einen Hasen fangen will, muss rennen. HAUSA

Mütter

Eine Mutter lässt sich mit niemandem vergleichen – sie ist unvergleichlich. MONGO

Lieber den klumpigen Maisbrei meiner Mutter als das reiche Frühstück meiner Stiefmutter. UGANDA

Selbst wenn du deine Mutter hasst, übergibst du sie nicht dem Feind. TSHI

Wer seiner Mutter etwas bringt, beklagt sich nie, dass es zu schwer sei. GANDA

Wenn ein Kind gern weint, wird seine Mutter es gern trösten. YORUBA

Lerne ein Kind kennen, und du kennst seine Mutter. MONGO

Wir wissen, wie unersättlich die Hyäne ist, und doch frisst sie ihr eigenes Baby nicht. GIKUYU

Eine Mutter ergreift ein Messer auch an der Klinge, um es abzufangen. TSWANA

Mütter gebären den Körper ihrer Kinder, aber nicht immer ihren Charakter. GANDA

Der Fuß der Henne zertritt das Küken nicht. TSHI

Wenn die Henne tot ist, faulen die Eier. TSONGA

Eine Henne mit Küken hat es schwer in Zeiten der Gefahr wegzulaufen. NIGERIA

Auch wenn deine Mutter arm ist, so ist sie trotzdem deine Mutter. OVAMBO

Deine Mutter hat dich monatelang getragen; sie hat dich drei Jahre lang gestillt; als du in die Schule gingst, hat sie dir jeden Tag Brot und Bier gebracht – gib ihr keinen Anlass, die Hände zu Gott zu erheben und sich über dich zu beklagen. ALTÄGYPTEN

•••

Ehe deine Mutter nicht gestorben ist, weißt du nicht, was
Weinen heißt. OVAMBO

Mut

Mut ist etwas anderes, als gegen jemanden zu kämpfen, der
stärker ist als du. SWAHILI

Ist ein Hammel tapfer, so kommt sein Mut aus dem Herzen:
Sein Mut kommt aus dem Herzen, nicht von seinen Hörnern;
sein Mut kommt aus dem Herzen und nicht aus seinem Kopf.
TSHI

Wenn du Honig magst, darfst du die Bienen nicht fürchten.
WOLOF

Bist du gut beschützt, ist es leicht wagemutig zu sein. SHONA

Stärke ist nicht gleich Mut. GIKUYU

Wir riskieren den Tod und finden Sicherheit. JABO

Nach und nach

Biss um Biss frisst die Maus das Kuhfell. GIKUYU

Erwarte nicht, in einem Jahr einen Baum geradezubiegen, der
dreißig Jahre lang krumm gewachsen ist. ASHANTI

Höhe erreicht man nicht in Eile. ZULU

Schritt um Schritt kommt man weit. TSONGA

Ein Elefant verwest nicht an einem Tag. LOZI

Kleine Regenschauer füllen den Fluss. HAUSA

Der Finger im Honig leert auch den Topf. UGANDA

Nachahmen

Das Tier, das dem Affen folgen will, bricht sich das Bein.
IGBO

Tu es nicht dem Elefant gleich und friss Dornen. SWAHILI

Die meisten Errungenschaften sind Nachahmungen. HAYA

Nachbarn

Ein Nachbar in der Nähe ist besser als ein Verwandter in der Ferne. SWAHILI

Was für dich schlecht ist, ist nicht gut für deinen Nachbarn. SWAHILI

Was dir nicht gefällt, tu auch deinem Nachbarn nicht an. TWI

Geht dein Feuer aus, holst du Feuer bei deinem Nachbarn – halte es ebenso mit der Weisheit. UGANDA

Brennt das Haus deines Nachbarn, hole Wasser, um das Feuer in deinem eigenen Haus zu löschen. SWAHILI

Such dir den Nachbarn aus, ehe du ein Haus baust. HAUSA

Nachlässigkeiten

Achtlosigkeit in kleinen Dingen führt Schritt für Schritt zum Ruin. GANDA

Wer seinen Sitzplatz nicht sorgfältig wählt, hat beim Aufstehen Stroh an den Kleidern. FULBE

Nachlässigkeit hat alles bebaute Land wieder zu Buschland werden lassen. GIKUYU

Wer den Dorn in seinem Fuß vernachlässigt, bekommt Elephantiasis. SWAHILI

Besitz ohne Rechnungsbuch verschwindet unbemerkt. SWAHILI

Wird eine Arbeit nicht fertig gemacht, so ist es, als wäre sie nie getan worden. SWAHILI

Namen

Der Name eines Kindes hat Einfluss auf sein Verhalten. YORUBA

Ein Name oder ein Spitzname beeinflusst den Charakter. YORUBA

Jeder Mensch bekommt einen Namen, damit man Übeltäter ausfindig machen kann. TWI

Erbst du einen Namen, musst du auch dessen Angelegenheiten übernehmen. SWAHILI

Jeder Mensch hat einen Namen. OVAMBO

Narren

Ein Narr ist die Leiter einer weisen Frau. ZULU

Der Narr lacht sich selbst aus. OVAMBO

Nur ein Narr bringt seinen Fall immer wieder erneut vor Gericht. GIKUYU

Ein Narr, der achtzig Centimes besitzt, ist der Meinung, alles koste achtzig Centimes. MADAGASKAR

Ein Narr ist jemand, für den beim Kauf eines Ochsen dessen Fußspur maßgebend ist. NYIKA

Eine Warnung ist für den Weisen ein Segen, für den Narren eine Beleidigung. SWAHILI

Bis der Narr das Spiel erlernt hat, haben sich die Spieler zerstreut. IGBO

Argumentiere nicht mit einem Narren, denn die Leute werden euch nicht auseinander halten können. IGBO

Unterrichte niemals einen Narren, denn er wird dich dafür hassen. ALTÄGYPTEN

Zeige einem Narren nie einen ungebrannten Topf. UGANDA

Narren sind Schatzgruben für die Schlauen. TSWANA

Gott hilft einem Narren nicht. OVAMBO

Ein Narr ist, wer seinesgleichen nicht kennt. IGBO

Wer in die Hände klatscht, dass ein Narr tanze, ist nicht besser als der Narr. YORUBA

Wer denkt, er sei klug, ist ein Narr. SWAHILI

Ist der Sprecher ein Narr, so ist doch der Zuhörer keiner. HAUSA

Forderst du von einem Narren, dass er seine Schuld bezahle, hast du die Bezahlung verspielt. TSHI

Im Streit mit einem Narren gibt der weise Mann nach. MADAGASKAR

Es ist schwierig, in einem Reichen einen Narren zu erkennen. TSWANA

Ein Narr sagt: »Mein Freund ist gemeint, nicht ich«. TSHI

Nur einem Narren verkauft man die Früchte aus seinem eigenen Garten. TSHI

Einen Narren kann man keine Weisheit lehren. OVAMBO

Der Kluge gibt Goldstaub im Wert von einem Penny und erhält dafür von einem Narren Goldstaub im Wert von einem Pfund. ASHANTI

Der Narr und das Papier lassen nicht los, was man ihnen anvertraut hat. GURAGE

Der Narr, der bei einem Biergelage verhauen wird, rächt sich dafür an seiner Frau. UGANDA

Der Narr bezweifelt das, was eine weise Frau nie bezweifelt. IGBO

Sein eigener Besitz bringt dem Narren den Tod. GIKUYU

Ein Narr wird nie alt, ändert sich nie. SUKUMA

Das Erbe der Narren wird von den Weisen verzehrt. NDEBELE

Die Feindschaft eines Narren beruht auf seiner Unfähigkeit, den Überlegenen zu erkennen. HAUSA

Die weise Frau sagt nie, ihr Wort sei das letzte Wort, doch der Narr besteht darauf. SHONA

Mit einem Narren umzugehen heißt ihn zu meiden. ALTÄGYPTEN

Was allen auf dem Markt zu Ohren gekommen ist, verbirgt der Narr vor seiner Frau. OROMO

Gelingt es einem Narren nicht, Ebenholz zu bleichen, versucht
er, Elfenbein zu schwärzen. AMHARISCH

Neid und Eifersucht

Das Wasser des Nachbarn ist nie schmutzig, sondern immer
klar. YORUBA

Ein Stein wird sich eher erweichen als Neid. TSWANA

Ist jemand reich, lass dich davon nicht aus der Ruhe bringen.
MAMPRUSSI

Wäre Neid die Ursache für Hunger, würden alle Menschen
hungern. TSHI

Gott machte den Baumwollbaum wunderschön, deshalb sollte
der Feigenbaum aufhören, böse zu sein. HAUSA

Der Stern sagt: »Töte mir den Mond, damit ich leuchte wie
er!« IGBO

Neuigkeiten

Hört das Ohr die Neuigkeiten nicht, wird der Kopf nicht
unglücklich. IGBO

Die Schildkröte sagte, man solle sie nicht rufen, wenn
Altbekanntes sich ereigne, nur wenn etwas Neues geschehe.
IGBO

Du gehst nicht hin, aber deine Ohren. HAYA

Notwendigkeiten

Ein keuchendes Tier wird unter jedem Baum stehen bleiben.
GIKUYU

Eine Quelle ist kein Herrscher, doch jeder, der trinken will,
muss sich vor ihr verbeugen. SWAHILI

Tu es, auch wenn du nicht willst. OVAMBO

Gibt es jemanden, der sich zu schlafen weigert, um
Albträumen zu entgehen? UGANDA

Selbst ein Reicher braucht eine Nadel. EWE

Wer den Felsen anpicken will, muß einen harten Schnabel haben. LUYIA

Ohne Holz kein Feuer. OVAMBO

Wer sich ins Meer begibt, muss schwimmen. SWAHILI

Wer etwas haben möchte, das unter dem Bett liegt, muss sich bücken. SWAHILI

Wie schlau ist doch der Hase, wenn Hunde ihn jagen. TSONGA

Wäre alles, was er braucht, am Boden zu finden, hätte der Affe nicht die Baumwipfel als sein Zuhause erkoren. IGBO

Ist der Löwe hungrig, frisst er auch Gras. NDEBELE   •

Schläfst du nicht, träumst du nicht. TSHI

Wer etwas verloren hat, sucht nie nur an einem Ort. SWAHILI

Der Fuß und die Erde können nicht umhin sich zu begegnen. GIKUYU

Der Löwe ließ mich einen Baum voll Dornen hinaufklettern. AFRIKA

Es ist der Bedürftige, der Initiativen ergreift. HAYA

Sich zu wärmen heißt das Feuer schüren. GIKUYU

Du kannst nicht ohne Wasser auskommen, auch wenn es dein Kind ertränkt hat. OVAMBO

Du kannst Wasser trinken, ehe du Palmwein verträgst. TSHI

Nutzen

Könnte man Goldstaub nicht nutzen, würde man ihn als Sand bezeichnen. ASHANTI

Hast du kein gutes Wasser, schütte das schlechte nicht weg. MAMPRUSSI

Es ist besser, einen nützlichen Gegenstand zu besitzen als viele nutzlose Dinge. HAYA

Der viel benutzte Topf endet in Scherben. UGANDA

Der Nutzen schöner Kleider besteht darin, dass man sie trägt. HAUSA

Wo mehr als genug ist, wird mehr als genug verschwendet. SÜDLICHES AFRIKA

Weil es regnen wird, schüttest du nicht das Wasser aus, das du in deinem Topf hast. EWE

Nutzlosigkeit

Eine schlechte Nase kann nicht riechen. UGANDA

Das ist etwas nur zum Anschauen – wie ein bitterer Apfel. SHONA

Die Frucht, die nicht gegessen werden kann, ist nutzlos. BORAN

Der Papagei sagte tausend Worte, doch nicht eins davon hatte Sinn. IGBO

Ist das Schloss eines Gewehrs nicht in Ordnung, sind Gewehr und Stock dasselbe. ASHANTI

Perspektive

Was den einen Lachen bringt, bringt anderen Tränen. TSHI

Eine unerfreuliche Angelegenheit muss von einem unerfreulichen Standpunkt aus betrachtet werden. YORUBA

Jene, die uns kennt, ist nicht die, die wir kennen. YORUBA

Ein Spiel für die Kinder ist ein Ernstfall für den Schmetterling. OROMO

Die Sklavin weint, weil sie verkauft wird, aber ihr Besitzer weint, weil er zu wenig Geld bekommt. OROMO

Die kleine Gazelle rennt um ihr Leben, aber der Hund jagt sie, um sich den Bauch zu füllen. OROMO

Was für einen kleinen Jungen Spaß ist, bedeutet für den Frosch den Tod. AFRIKA

Deine Freude ist meine Trauer. SWAHILI

Gelangt etwas, das einem Menschen alt erscheint, in die Hände eines anderen, ist es für ihn neu. TSHI

Potenzial

Aus einem Busch kann ein Baum werden. JUKUN

Die Brüste einer jeden Frau können kluge Kinder nähren. TSWANA

Da du nicht weißt, welcher Hund jagen kann, erziehe sie alle dazu. UGANDA

Verachtet in ihrem Heimatdorf, mag sie trotzdem in der Welt berühmt werden. NAMIBIA

Was erprobt wurde, kann wahr werden. OVAMBO

Kleine und große Dinge haben denselben Ursprung. JABO

Praktisch

Auch schlechtes Wasser löscht das Feuer. MAMPRUSSI

Willst du ein Huhn kaufen, schau dich um, ob eins in der Nähe scharrt. UGANDA

Den Fluss überquert man, wo er flach ist. GIKUYU

Der Gang auf einem Dach endet am Rand. SWAHILI

Willst du etwas Schweres tragen, so hebe es auf dein Knie, ehe du es auf den Kopf setzt. MAMPRUSSI

Der Jäger schießt nicht, was er nicht sieht. IGBO

Wirf den Speer, den du hast! UGANDA

Du tötest eine Schlange mit dem Prügel, den du in der Hand hältst. EWE

Prioritäten

Vor einer großen Sache tritt eine kleine in den Hintergrund. YORUBA

Ich erhitzte das Öl und vergaß die Zwiebeln. HAUSA

Wenn Essen knapp ist, gib deinen eigenen Kindern zuerst.
UGANDA

Geld, das Lösegeld für deine Mutter ist, gibst du nicht
zögerlich. GANDA

Wessen Haus brennt, der jagt nicht die fliehenden Ratten.
IGBO

Ziehe das Kind aus dem Wasser, ehe du es strafst. VAI

Hilf deinem Verwandten aus seinen Schwierigkeiten, ehe du
ihm vorhältst, dass er selbst die Schuld daran trägt. IGBO

Verschüttetes Wasser ist besser als ein zerbrochener Krug.
FULBE

Einige verpfändeten sich selbst, um an Geld zu kommen.
ANGASS

Der Vogel, dessen Hals in der Schlinge steckt, beklagt sich
nicht über Halsschmerzen. EWE

Der Zug wartet nicht auf die Passagiere. TSONGA

Wir helfen unseren eigenen Kindern, nicht denen unserer
Mütter. TSHI

Man jagt die Tiere fort, ehe man Kinder bestraft. TSHI

Zuerst verjagst du die Hyäne, dann fragst du die Ziege, warum
sie in den Wald gelaufen sei. MAMPRUSSI

Du kehrst vor der Tür, aber drinnen ist es schmutzig.
OVAMBO

Proportionen

Eine Kokosschale voll Wasser ist für die Ameise ein Meer.
SWAHILI

Ein Huhn pickt, was es schlucken kann. UGANDA

Einen dicken Kuhstrick bindet man um einen dicken Baum.
MAMPRUSSI

Ist deine Waage schwach, lege kein schweres Gewicht darauf.
ALTÄGYPTEN

Sammle nur so viel Feuerholz, wie dein Strick halten kann.
ZULU

Der Schwur steht im falschen Verhältnis zu dem Verlorenen –
eine Nadel ging verloren und man schwört im Namen eines
Gottes! YORUBA

Du brauchst keine Axt, um ein Huhn zu zerlegen.
MADAGASKAR

Läuft das Tier schnell, musst du dein Gewehr schnell
abfeuern. IGBO

Provokation

Eine Schlange beißt nicht ohne Grund. OROMO

Wer einen anderen ärgert, lehrt ihn nur stark zu werden.
YORUBA

Man klemmt den Schwanz eines Hundes nicht ein, um zu
sehen, ob er schläft. IGBO

Ein brutaler Mensch protzt immer mit einer Narbe. GIKUYU

Rache

Wer dir zufügt, dass du Tränen vergießt, dem fügst du zu, dass
er Blut vergießt. GANDA

Rache ist nicht Bosheit. IGBO

Dummheit wird nicht gerächt. SWAHILI

Die erste Rache ist unbedeutend im Vergleich zur letzten.
YORUBA

Der Schuss, der meinen Bruder getötet hat, brennt in meinen
Ohren. JABO

Ein Unrecht zu vergessen ist die beste Rache. SWAHILI

Rache zu nehmen bedeutet oft, sich selbst zu opfern. KONGO

Rang

Wie groß gewachsen du auch sein magst, größer als das Haar auf deinem Kopf wirst du nie sein. MENDE

Ein Kind wird nie vor seinen Eltern alt. SWAHILI

Jedem den Platz, der seinem Rang gebührt. IGBO

Wie lang auch der Hals sein mag, der Kopf sitzt darauf. HAUSA

Könige dürfen sich Bärte wachsen lassen, denn sie müssen nicht das Feuer anblasen. NIGERIA

Wie du dich auch drehen magst, deine Fersen sind immer hinter dir. IGBO

Ein Spion auf dem Berg ist besser als einer in der Ebene. FIPA

Der Furz des Herrschers wird dem einfachen Mann zugeschrieben. ZULU

Die Schulter ist nicht höher als der Kopf. KAONDE

Ist ein Mann aus vornehmer Familie dem Wahnsinn verfallen, heißt es, er sei nur betrunken. TSHI

Macht ein Alter Fehler, wird ein Junger dafür bestraft. SWAHILI

Reden

Einen gedankenlosen Menschen erkennt man an seiner Art zu sprechen. OVAMBO

Sei geduldig, wenn du sprichst, und du wirst erlesene Dinge sagen. ALTÄGYPTEN

Öffne den Mund nicht, ehe du nicht nachgedacht hast. MARAKWET

Wer ausrutscht, wird wieder aufstehen, wem aber die Zunge ausrutscht, der wird sich nicht wieder erheben. EFIK

Hältst du deine Zunge im Zaum, bewahrst du deinen ganzen Körper. UGANDA

»Ist der König aber dick!«, sagt, wer nichts zu sagen hat.
UGANDA

Auf seinem Mund kann sich keine Fliege niederlassen!
NDEBELE

Wer zu viel redet, gibt Geheimnisse preis. IGBO

Der Regen verwischt Fußspuren, doch niemals das, was die Zunge gesagt hat. IGBO

Schlafe darüber, ehe du sprichst. ALTÄGYPTEN

Dummheit ist im Mund zu Hause. OVAMBO

Reden ist einander lieben. GIKUYU

Reden ist nicht tun. IGBO

Antworte einem Mann nicht, wenn er zornig ist, sondern nimm Abstand von ihm. AFRIKA

Der Mund ist wie eine Falle. LAMBA

Es ist leicht, den Mund zu öffnen, aber schwer, ihn wieder zu schließen. SHONA

Der Mund sagt viel, was das Herz nicht sagt. EWE

Der Mund, der Böses gesagt hat, wird schließlich Gutes sagen.
IGBO

Die Rute tut nicht weh, aber der Mund verursacht Schmerzen.
TSONGA

Wie man spricht, so handelt man. UGANDA

Du weißt, was du sagen wirst, aber nicht, was man dir sagen wird. MAASAI

Deine Zunge ist dein Feind. MADAGASKAR

Ein Gespräch ist wie getrocknetes Fleisch – sein Geschmack bleibt auf der Zunge. BONDEI

Ein Gespräch setzt dem Zorn ein Ende. SUKUMA

Vererben dir die Ältesten eine würdevolle Sprache, gibst du dieses Erbe nicht um einer kindischen Sprache willen auf. TSHI

Die eigene Sprache ist nie hart. IGBO

Reichtum

Ein Narr besaß viele Kühe – niemand nannte ihn mehr einen Narren. TSWANA

Reichtum ist wie Schweiß – ruhst du dich aus, trocknet er. GANDA

Der Furz eines Reichen stinkt nicht. GIKUYU

Tüchtig, was das Erbe anlangt, untüchtig, was den Charakter anlangt. HAUSA

Hier Fleisch, dort Knochen. SUKUMA

Bist du nicht reich, hat dein Wort kein Gewicht. TSHI

Wird ein Waisenkind reich, findet es Verwandte. UGANDA

Reichtum ist eine Angelegenheit des Herzens. SWAHILI

Wer Familie und Freunde hat, ist reicher als derjenige, der Geld hat. AFRIKA

Reichtum gleicht einer Schlange – sie liebt nicht nur einen Ort. TSHI

Halte es mit den Schlangen, nicht mit den Reichen. SHONA

Seinen Reichtum verdankt er seinem Schweiß. SHONA

Reichtum nimmt sich seines Besitzers an. ALTÄGYPTEN

Ist einer reich, kann er alte Kleider tragen, wie es ihm beliebt. TSHI

Prahlt einer mit seinem Reichtum, sollte er auch die Quellen seines Reichtums nennen. IGBO

Wo es keinen Reichtum gibt, existiert auch keine Armut. TSWANA

Reife und Unreife

Voraussicht spricht für Reife. SWAHILI

Besitzen wir nicht die Erfahrungen des Alters, benehmen wir uns wie Jugendliche. YORUBA

Nicht an seiner Größe erkenne ich die Reife meines Kindes. IGBO

Reife oder Alter versüßt eine Banane, aber nicht den Menschen. HAYA

Wenn ein Kind spricht, spiegelt es seine Reife. IGBO

Wird ein Mädchen erwachsen, fragt man nicht mehr: »Wer ist der Vater?«, sondern: »Wer ist der Ehemann?« IGBO

Dein Körper ist erwachsen geworden, aber dein Herz ist das eines kleinen Kindes. LAMBA

R

Reisen

Wer ohne Ziel reist, gleicht nicht dem, der ohne Ziel stillsitzt, denn der Reisende erlebt immer etwas. SWAHILI

Das Auge, das gereist ist, ist klug. MAASAI

Die Menschen wissen, woher sie kommen, doch nicht, wohin sie gehen. OVAMBO

Viel reisen lehrt sehen. UGANDA

Reisen bedeutet Neues finden. UGANDA

Nach einem langen Weg kommt man nicht am frühen Morgen an. OVAMBO

Die Welt draußen brütet in uns kleine Dinge aus, die ihr gleichen. TSONGA

Wer nicht herumkommt, weiß wenig von dem, was geschieht. HAYA

Je mehr du reist, desto mehr Giftschlangen wirst du begegnen. NAMIBIA

Der Reisende kann von allem erzählen, was er gesehen hat, doch er kann nicht alles erklären. TSHI

Neues begegnet nicht dem, der herumsitzt, sondern dem, der reist. SHONA

Haben wir Interesse am Reisen, begeben wir uns schnell dorthin, wohin man uns schickt. WOLOF

Respekt

Es ist nicht erlaubt zu sagen: »Vater, halt ein, ich sage dir, was du tun sollst«. ASHANTI

Ein Kind, das keine Achtung vor der eigenen Mutter hat, kann auch die Mutter eines anderen nicht achten. LUYIA

Vertraulichkeit brütet Verachtung – Distanz ist ein Garant für Achtung. YORUBA

Wer einem Hund einen Fußtritt gibt, meint den Besitzer. UGANDA

Wer dich gering schätzt, besucht dich während des Essens. UGANDA

Unterstützt dich jemand, hast du Achtung vor ihm. TSHI

Niemand gibt einem Aussätzigen die Hand, weil er ihn achtet. TSHI

Wer dich nicht wertschätzt, betrügt dich. HAYA

Wer hinter deinem Rücken Grimassen schneidet, achtet dich. GANDA

Geehrt zu werden macht dich nicht zum vornehmen Mann; jemanden zu ehren macht dich nicht zum Sklaven – also ist es gut, einander zu ehren. MADAGASKAR

Respekt muss von beiden Seiten gezeigt werden. ZULU

Hast du den Fluss überquert, kannst du das Krokodil beleidigen. TWI

Reue

»Wenn ich das gewusst hätte!« kommt stets nach der Tat. LUYIA

Sich nach besten Kräften bemühen vertreibt die Reue.
MADAGASKAR

Weggehen hält niemanden davon ab, zurückzukommen.
GIKUYU

Wer noch nie Reue empfunden hat, hat noch nie Böses erlebt.
MONGO

Bereut ein dummer Mann etwas, wird er weise. ALTÄGYPTEN

Es ist besser, irritiert von der Beleidigung die Nacht zu verbringen als in Reue für die genommene Rache.
TAMASHEK

Reue bedeutet Taten. SWAHILI

Bekennen bringt Erlösung von der Sünde. TSONGA

Rivalen

Ein Höfling betrauert nicht den Tod seines Freundes.
OVAMBO

Eine Frau, die ihre Rivalin verloren hat, lebt ohne Sorgen.
WOLOF

Flirten zwei Freunde mit einer Frau, dauert es nicht lange, bis sie streiten. TSHI

Der Hase rennt so schnell, weil es keine flinken Hunde gibt.
KAONDE

Die Schildkröte läuft mit den Schnecken um die Wette.
MAMPRUSSI

In einer Stadt herrschen nicht zwei Könige. EWE

Rücksichtslos

»Komme, was kommen mag« führt zur Zerstörung eines Landes. TSHI

Wer einen Stein in eine Menschenmenge wirft, weiß nicht, wer getroffen wird. SWAHILI

Wer in der Nacht Steine wirft, tötet seinen Bruder. EWE

Ruf

Ein schlechter Name tötet seinen Besitzer. UGANDA

Ein guter Name ist besser als Reichtum. TSHI

Ein wagemutiger Mann kann für eine Tat verurteilt werden, die er nicht begangen hat. HAYA

Ein einziger Tropfen kann einen Fleck verursachen, den ein ganzer Eimer Wasser nicht wegwäscht. SWAHILI

Ein guter Name schützt dich vor den Schamlosen. UGANDA

Ein Mann stirbt, doch seine Zunge vergeht nicht. TWI

Man nimmt seinen Namen mit, wohin man geht. TSHI

Rühre nicht im Schmutz, wenn kein Wasser da ist. SHONA

Zieh mir nicht ein Hundefell über – der Leopard könnte mich fressen. UGANDA

Er hat sich an einem einzigen Tag schlecht benommen und über sein ganzes Leben Schande gebracht. YORUBA

Einen, der andere gern provoziert, nennt man Provokateur, auch wenn er selbst provoziert wird. GIKUYU

Bellt die Ziege einen Fremden an, ist es eine Schande für den Hund. MAMPRUSSI

Wer bei einer unehrlichen Tat ertappt wird, findet nie wieder Arbeit. ALTÄGYPTEN

Selbst wenn die Geisterwelt nichts anderes ihr eigen nennt, so besitzt sie doch zumindest die Macht ihres Namens. ASHANTI

Bist du immer vertrauenswürdig und lügst trotzdem einmal, bemerkt es niemand. TSHI

Lebst du in einer schlechten Stadt, ist das eine Schande. TSHI

Falls du zurückkehrst – hinterlasse einen guten Namen. GOGO

Der Fluss mag ausgetrocknet sein, doch sein Name wird nie vergessen. IGBO

● ●

Die Schildkröte ging auf eine Reise und jemand fragte sie, wann sie zurückkomme. »Wenn ich meinen guten Ruf verloren habe«, antwortete sie. YORUBA

Einem Helden Schande zu bereiten, ist schlimmer als ihn zu töten. IGBO

Aus einem fremden Land holen wir einen guten Namen, wir tragen keinen guten Namen in ein fremdes Land. JABO

Wenn die Verwesung von dir Besitz ergriffen hat, solltest du nicht überrascht sein, dass du stinkst. SWAHILI

Hat ein Arzt einen Fehler gemacht, verlässt er das Haus durch die Hintertür. IGBO

Saures

Ein häßlicher Mensch tröstet sich, indem er sagt, hübsch sein sei Eitelkeit. IGBO

Hast du kein Geld, sagst du, es schmecke nicht gut. TSHI

Die Antilope, die sich weit abseits hält, hat zähes Fleisch. UGANDA

Der Affe, der versehentlich eine Kolanuss fallen ließ, sagte, dies sei ein Geschenk für die Erde und ihre Menschen. YORUBA

Die Maus wird eher die Bohnen verderben lassen als eine einzige abgeben, wenn sie sie nicht selbst aufessen kann. YORUBA

Kannst du nicht das bekommen, was du dir wünschst, verachtest du es oder die Menschen, die es besitzen. HAYA

Kannst du nicht tanzen, sagst du, das Lied der Trommel klinge nicht schön. ASHANTI

Wärest du Medizin, du würdest bitter schmecken. EFIK

Scham

Niemand schämt sich zweimal. GA

Der Tod und die Scham – der Tod ist den beiden vorzuziehen.
TSHI

Nichts schmerzt so sehr wie Scham. ASHANTI

Die Großen sind offen sich zu schämen, die Kleinen sind offen sich zu fürchten. MADAGASKAR

Der Schein trügt

Ein Kind, das gesehen werden soll, darf nicht ärmlich aussehen. IGBO

Ein Leopardenfell ist prächtig, der Inhalt jedoch von Übel. KAONDE

Eine Tat ist am schlimmsten am Tag, an dem sie geschah. IGBO

Manches mag wie ein Tiger aussehen, ist aber keiner. IGBO

Ein Turban macht aus einem Mann noch keinen zivilisierten Menschen. SWAHILI

Je nach deiner Erscheinung bekommst du einen Platz zugewiesen. IGBO

Der Hund sagt, er begrüße den Gast in seinem Haus, doch seine harsche Stimme spricht eine andere Sprache. IGBO

Regenwolken sind nicht dasselbe wie Regen. GIKUYU

Wenn auch sein Schrein zerfallen ist, so wohnt der Gott doch noch immer da. JUKUN

Stiehlt dir ein Verrückter dein Tuch, wenn du am Wasser badest, so binde dir ein anderes um, ehe du ihn verfolgst, denn bist du nackt, halten euch die Menschen beide für verrückt. TSHI

In stillen Teichen lauern Krokodile. SHONA

Mäuse und Ratten haben dasselbe Fell, richten aber nicht denselben Schaden an. MADAGASKAR

Im Herzen eines Mannes, der immer lacht, ist etwas anderes verborgen. NYANJA

Wie schön auch eine Schlange aussieht, sie ist immer gefährlich. KAONDE

Nicht alles, was heiß ist, ist Feuer. MAMPRUSSI

Das Tuch ist wunderschön, doch sein Besitzer häßlich. EWE

Der Stein ist nass, aber nicht innen. EWE

Die Zähne, die lachen, sind dieselben, die zubeißen. HAUSA

Schenkt man dir ein Lächeln, heißt das nicht, daß man dich liebt. GIKUYU

Weiße Zähne deuten nicht unbedingt auf ein gutes Herz hin. SUKUMA

Welch schönes Zuckerrohr! Sieh genau hin und du findest, es ist voller Löcher. MONGO

Wer schön aussieht, beklagt sich nicht über die Mühe, die ihn das gekostet hat. GIKUYU

Schenken

Sag nicht, schenken sei eine Frage des Reichtums – schenken ist Herzenssache. SWAHILI

Gibst du, musst du auch nehmen können. SWAHILI

»Ich schenke dir nichts« heißt nicht »Ich lehne dich ab.«
MAMPRUSSI

Ein klein wenig ist auch ein Beitrag. IGBO

Wie du gibst, so wirst du empfangen. UGANDA

Das kleinste Geschenk ist besser als der großartigste Geiz.
HAUSA

Gebende Hände empfangen. UGANDA

Schenken bedeutet Vorrat für dich selbst. NDEBELE

Gibst du jener, die dir etwas gibt, so schenkst du nicht, sondern bezahlst. Gibst du jener, die dir nichts gibt, so schenkst du nicht, sondern wirfst weg. SWAHILI

Wer dir etwas schenkt, schafft sich Vorräte, wer sich dir verweigert, schaufelt ein Grab. UGANDA

Wie klein das Geschenk auch sein mag, der Geber ist auf deiner Seite. UGANDA

Schenkt dir ein Mensch wenig, so ist es, weil ihm viel fehlt. UGANDA

Man liebt sich nicht, wenn man nicht gegenseitig voneinander annimmt. KANURI/BORNU

Den einzigen Besitz gibt man normalerweise nicht als Geschenk weg. IGBO

Es ist das Herz, das gibt – die Finger lassen nur los. HAYA

Schenken heißt sparen. OVAMBO

Man schenkt nur dem, von dem man etwas bekommt. LUYIA

Schenke deine Worte mit deinen Gaben und du hast zwei Geschenke. ALTÄGYPTEN

Einer, der gibt, und einer, der empfängt – wer trägt die größere Last? SWAHILI

Schicksal

Das Schicksal wartet auf den, der sich ihm verweigert. SWAHILI

Hat Gott deinen Tod nicht beschlossen, stirbst du nicht. TSHI

Alle Pflanzen leben, um zu verwelken, nicht, um zu blühen. SÜDLICHES AFRIKA

Das Tier, dem der Tod bestimmt ist, hört das Husten des Jägers nicht. TSHI

Gegen die Krankheit, die dich töten wird, gibt es kein Heilmittel. TSHI

Zwei Hinterbacken können Reibung nicht umgehen. TONGA

Das Schicksal, das der Große Geist dir bestimmt hat, kannst du nicht umgehen. ASHANTI

Was dem alten Worfelsieb geschah, wird auch dem neuen widerfahren. SWAHILI

Für jeden kommt der für ihn bestimmte Augenblick. ALTÄGYPTEN

Schläue

Ein Schlauer mag die Gesellschaft eines Narren. GIKUYU

Ein Löwe, der leise geht, wird Fleisch fressen. SWAHILI

Ein krankes Huhn wird niemals in seiner Heimat verkauft. IGBO

Hältst du einen Stock in der Hand, darfst du keinen Hund rufen. TSONGA

Einer, der sich verstohlen davonschleicht, wird von dem gefunden, der sich heimlich versteckt. EWE

Willst du mit List den Arzt nicht bezahlen, dann musst du auch listig genug sein, um nicht krank zu werden. TSWANA

Verkaufst du eine Trommel in deinem eigenen Dorf, bekommst du das Geld und behältst den Klang dazu. MADAGASKAR

Einem Verwandten musst du immer eine Mischung aus Körnern und Spreu anbieten. LUYIA

Zu viel Schärfe schneidet den, der die Messer schärft. GIKUYU

Das Wild zeigt sich immer dort, wo die unerfahrenen Jäger sind. TSWANA

Schlaf

Selbst das klügste Kind kann dem Schlaf nicht entgehen. SWAHILI

Schlaf, der nahe Verwandte des Todes. TSWANA

Schlechter und guter Einfluss

Eine schlechte Kokosnuss verdirbt die guten. SWAHILI

Ein niedrig gesinnter Mensch zieht andere zu sich herab.
GURAGE

Manche Menschen sind nicht von Geburt an schlecht, sondern
haben das Schlechte von anderen gelernt. HAYA

Wer Rosen um sich hat, duftet nach Rosen. SWAHILI

Schönheit

Schöne Federn machen einen schönen Vogel. TWI

Schönheit ist nicht dasselbe wie Weisheit. MAMPRUSSI

Schönheit verkauft sich gut. UGANDA

Wer Schönheit heiratet, heiratet Probleme. YORUBA

Die Schönheit der Blüte bringt keine Frucht. SUKUMA

Wahrhaftig! Schönheit bedeutet Macht. KANURI

Schritt für Schritt

Beginne zornig und ende aufrichtig. MADAGASKAR

Wird die Menschheit auf einen Schlag zivilisiert? TSHI

Der Pferdedieb stahl zuerst ein Huhn. HAUSA

Wir sagen eins, ehe wir zwei sagen. TSHI

Wenn sie den Finger hineinstecken, stecken sie auch die Hand
hinein, und wenn sie die Hand hineingesteckt haben, stecken
sie auch den Fuß hinein. SWAHILI

Schuld und Gewissen

Schuld verwest nie. SOTHO

Blut ist schwer und hindert den, der es vergossen hat, an der
Flucht. SOTHO

Wer etwas im Geheimen verbrochen hat und Leute
miteinander reden sieht, denkt, die Leute würden von seiner
Tat reden. YORUBA

Würde ein Ältester jedem Vergehen nachgehen und Strafen verfügen, wäre das Land ruiniert. TSHI

Wer jemanden auf einen Botengang schickt, statt selbst zu gehen, gibt den Füßen Ruhe, aber nicht dem Herzen. KANURI

Es ist besser, Menschen gegenüber schuldig zu werden als Gott gegenüber. MADAGASKAR

Niemand ist sicher, ob der Beschuldigte seine Schuld akzeptiert. IGBO

Der Tag, an dem die Hyäne graue Haare im Kot hatte, ist der Tag, an dem die alte Frau verschwand. LOZI

Die Hand, die in das Loch griff, ist die Hand, die vom Skorpion gestochen wurde. IDOMA

Die Hyäne verbirgt sich tagsüber, weil sie weiß, was sie in der Nacht verbrochen hat. OROMO

Der Baum fällt auf den, der gerade da steht. GIKUYU

Sich schuldig bekennen heißt noch nicht, Unrecht wieder gutmachen. SHONA

Ein gutes Gewissen ist eine weiche Matte. SWAHILI

Das Gewissen ist ein Kompass. SWAHILI

Schwäche

Ein Schwacher geht dorthin, wo man ein Lächeln für ihn hat. HERERO

Bist du eine Fahne, die sich nach dem Winde dreht? SWAHILI

Wer einen schwachen Mann um etwas bittet, fragt und nimmt schon. GANDA

Einer, der jünger ist als du, schlägt dich mit deinem eigenen Stock. HAYA

Nur ein schwacher Vogel wacht früh auf, um Nahrung zu suchen. NIGERIA

Ein kraftloser Mensch lacht, wenn sein Vater beleidigt wird. MAMPRUSSI

Der Schwächling trinkt schmutziges Wasser. GIKUYU

Die Schwäche der Starken ist die Stärke der Schwachen.
SWAHILI

Hast du wenig Gewehre, hast du wenig Worte. TSHI

Der Fluch des Huhns erreicht den Habicht nicht. SWAHILI

Schweigen
Weißt du nichts über eine Stadt, erzählst du auch nicht von
ihr. TSHI

Wer redet, denkt, doch wer schweigt, denkt mehr. GANDA

Schweigen verbirgt Dummheit. ALTÄGYPTEN

Schweigen beendet Streit. UGANDA

Großes Schweigen verbirgt großen Lärm. SWAHILI

Schweigen redet auch. FULBE

Etwas zu wissen und darüber zu schweigen ist böse.
MAMPRUSSI

Siehst du etwas und sagst nichts, wirst du nicht leiden.
SWAHILI

Schwierigkeiten
Ein schwieriger Fall ist schwierig zu lösen. TSHI

Bei Schwierigkeiten zeigt sich der Charakter. SWAHILI

Ist dein Teil des Schlachtfelds mit Dornen bewachsen, verlässt
du deine Stellung nicht und gehst nicht dorthin, wo das
Gelände gut ist. TWI

Nichts ist so schwierig, als dass Fleiß es nicht besiegen könnte.
MADAGASKAR

Das krumme Brett zeigt, wer der wirkliche Tischler ist. TSHI

Der schwierigste Teil des Mahlens ist die erste Runde – ist die
geschafft, ist der Rest leicht. HAUSA

• •

»Lass mich sehen, ob du es auch tust!« macht das Tun schwierig. TSHI

Es ist einfacher einzureißen als aufzubauen. SWAHILI

Einer, der in den Brunnen fällt, wird sich sogar an einem Schwert festhalten. HAUSA

Jagst du einen Feigling fort und gibst ihm keine Möglichkeit zur Flucht, wird er dir seine Kraft zeigen. TSHI

Einer, der seinen Bogen verloren hat, wird sogar im Tontopf danach suchen. SHONA

Wer am Ufer sitzt, weiß nichts von den Schwierigkeiten im Wasser. MAMPRUSSI

Angst vor Schwierigkeiten macht nicht stark. MAMPRUSSI

Wer sich einem Leoparden in den Weg stellt, gerät in Schwierigkeiten. YORUBA

Die Probleme, die man selbst verursacht, finden nie ein Ende, im Gegensatz zu den von anderen verursachten Problemen. GIKUYU

Wenn Probleme kommen, verhindere ich sie; wenn sie schwerwiegend sind, löse ich sie. Was ist dir lieber? Ich für meinen Teil ziehe vor: Wenn sie kommen, verhindere ich sie. TSHI

Wer Probleme hat, weil er reich ist, ist besser dran als der, der Probleme hat, weil er arm ist. GIKUYU

Hältst du nach Problemen Ausschau, kannst du sie nicht verpassen. MAASAI

Es hat keinen Sinn, dich aus Schwierigkeiten herauszuhalten, wenn andere dich hineinziehen. HAUSA

Schau nur immer durch die Hecke – schließlich wirst du doch etwas Schlafendes wecken. SUKUMA

Das Chamäleon sagt: »Halte Abstand von Unannehmlichkeiten aller Art und sie halten Abstand von dir.« MAMPRUSSI

Probleme haben Angst vor dem Bart eines Erwachsenen.
TSHI

Was dein Haus einmal heimgesucht hat, wird die Haustür
nicht vergessen. UGANDA

Einfaches Brot und Frieden im Herzen ist besser als Reichtum
mit Problemen. ALTÄGYPTEN

Seele

Mütter gebären den Körper, nicht die Seele. UGANDA

Die Seele wird nicht alt, sie bekommt keine grauen Haare.
GANDA

Dein Fuß mag krank sein, doch das, was dich zusammenhält,
ist gesund. SUKUMA

Sehen

Augen kennen keine Grenzen. SHONA

Wer nicht von allein sieht, sieht auch nichts, wenn es ihm
gezeigt wird. SWAHILI

Mit Hilfe der Augen hörst du, was gesagt wird. TSHI

Das Auge erkennt die Schönheit, aber nicht die Freundlichkeit
eines Menschen. GIKUYU

Das Auge ist es, das den Rauch gesehen hat, der das Feuer
hervorbringen wird. HAUSA

Das Auge kauft keine Lumpen. VAI

Die Hacke wird gekauft, nachdem man sie gesehen hat. ZULU

Der Mann, der vorausschaut, strauchelt und fällt nicht.
ALTÄGYPTEN

Was man mit eigenen Augen sieht, ist nicht, was man aus dem
Mund eines anderen hört. GIKUYU

Traue eher deinen Augen als deinen Ohren. SWAHILI

Das Auge ist kein Maßstab, doch es erkennt Leichtgewichte.
HAUSA

Das Selbst

Größe und Achtung eines Menschen kommen aus ihm selbst.
SWAHILI

Ehe du andere heilst, heile dich selbst. WOLOF

Wer bei sich selbst Rat sucht, begegnet keinem Hass. GIKUYU

Tut man Gutes, tut man es für sich selbst; tut man Böses, tut
man es sich selbst an. TAMASHEK

Wasser, das du über dich selbst schüttest, lässt dich nicht
frieren. IGBO

Lügt ein Junggeselle und sagt, er habe eine Frau, betrügt er
seinen Penis. MAMPRUSSI

Von deinem eigenen Speichel wird dir nicht übel. OVAMBO

S

Selbstachtung

Eine sinnlose Aufgabe passt nur zu einem Hund; sieht der
Hund, wie sinnlos sie ist, kümmert er sich nicht mehr darum.
HAUSA

Wirst du geehrt, bring nicht Unehre über dich. TWI

Das Chamäleon sagt, dass andere dich respektieren, wenn du
dich selbst respektierst, aus diesem Grund geht das
Chamäleon wie ein König. EWE

Lässt es ein Löwe zu, an eine Kette gelegt zu werden, so ist das
keine Schande für ihn. AMHARISCH

Selbsterkenntnis

Kenne dich selbst besser als jener, der über dich redet.
WOLOF

Mangelnde Selbsterkenntnis macht dich zum Sklaven. EWE

Schau dich selbst an. OVAMBO

Das sehende Auge sieht nicht sich selbst. ETSAKO

Verachtest du deinen Nächsten, verachtest du dich selbst. EWE

Was im Herzen ist, weiß allein das Herz. FIPA

Zeigt dir dein Auge das unmoralische Verhalten anderer
Leute, so sage: »Auge, diese Menschen haben auch Augen«.
SWAHILI

Mache dich mit deinen Problemen vertraut, ehe du sie in
Angriff nimmst. IGBO

Selbsthilfe

»Rette mich!« bedeutet langsame Befreiung – hilf dir selbst!
TSWANA

Ein Mund isst nicht für einen anderen. SHONA

Verliere dein Herz nicht an das Eigentum eines anderen, um
davon zu leben – erwirb selbst Eigentum. ALTÄGYPTEN

Sich selbst etwas zu schenken ist besser als Geschenke zu
empfangen. OVAMBO

Gott sagt: »Hab auf dich selbst acht, und ich werde auf dich
achthaben.« SWAHILI

Insekten nutzen einen Baumstamm, um einen Fluss zu
überqueren. IGBO

Es ist sinnlos, die Geister um ihre Hilfe beim Laufen zu bitten,
wenn du nicht die Absicht hast zu rennen. GANDA

Die Axt des Fremden kann deine Arbeit nicht beenden.
SWAHILI

Die Hyäne sagte: »Ich habe nicht nur Glück, sondern meine
Beine sind stark«. MAASAI

Selbstkontrolle

Das Amt des Herrschers kann sich nicht selbst regieren.
SHONA

Wer niemanden hat, der ihn festbindet, sollte nie außer sich
geraten. YORUBA

Für den, der sich von seinem eigenen Zorn abwendet, ist der
Zorn des Gottes in weiter Ferne. ALTÄGYPTEN

Die Ehre einer weisen Frau ist ihre Selbstkontrolle.
ALTÄGYPTEN

Dich selbst unter Kontrolle zu halten ist mehr, als wenn du
unter der Kontrolle anderer stehst. MAMPRUSSI

Gibt man dir eine Trommel zu tragen, heißt das nicht, dass du
sie schlagen sollst. SHONA

Selbstkritik

Er hielt anderen eine Predigt und vergaß dabei sich selbst.
SWAHILI

Wer Augen hat, beobachtet sich selbst zuerst. UGANDA

Meine Augen, schaut auch mich an! OVAMBO

Droht der Regen, gibt sich der Mann, dessen Dach leck ist,
selbst die Schuld. KURIA

Selbsttäuschung

Ein Lahmer sagte, die Last auf seinem Kopf sei nicht
gleichmäßig verteilt, und er erhielt die Antwort, das Ungleiche
rühre vom Boden her. YORUBA

In den eigenen Augen ist der eigene Charakter immer gut.
YORUBA

Wer allein läuft, hält sich für einen guten Läufer. LUYIA

Er gab dir etwas, doch in seinem eigenen Denken war es
mehr. OVAMBO

Wer auf das Feld des Nachbarn schaut, sieht viel mehr
Unkraut als der Besitzer. GIKUYU

Was dem Hund süß schmeckt, kann ihn töten. IGBO

Der Pavian lacht über den Kopf des anderen. ZULU

Der Hund des Königs denkt, dass sich die Leute vor ihm
wegen seines Bellens verbeugen. UGANDA

Der Mensch, den man liebt, wird sich nie schlecht benehmen.
YORUBA

Sicher ist sicher

Sei froh über den Bissen, den du hinuntergeschluckt hast. Was noch im Mund ist, gehört den anderen. LOZI

Zweimal zählen ist besser als einmal. TSWANA

Zählst du fehlende Ziegen, gehören auch die toten dazu. SHONA

Der weißschwänzige Affe sagt: »Was in meinem Maul ist, gehört nicht mir, aber was in meinen Bauch gelandet ist, ist mein Eigentum«. TSHI

Sicherheit

Stehst du an einem sicheren Ort, machst du dich über die Kobra lustig. TSHI

Was immer einen Orang-Utan veranlasst, eilends einen Baum zu erklettern, ist verschwunden, wenn er sich entschließt wieder herunterzusteigen. YORUBA

Wenn der Krebs flieht, läuft er ins Meer. TSHI

Sieg und Niederlage

Besiegt werden und sterben ist dasselbe. MAASAI

Versuchst du es nicht, kannst du nicht gewinnen. OVAMBO

Wer die Flucht ergriffen hat, hat aufgegeben. SHONA

Wer von der Wahrheit besiegt wurde, kehrt nicht zurück. GIKUYU

Skandal und Korruption

Ein Skandal ist wie ein Ei – ist es geschlüpft, wachsen ihm Flügel. MADAGASKAR

Ein Schwein, das sich im Morast gewälzt hat, sucht einen sauberen Menschen, um sich an ihm zu reiben. YORUBA

Wer mit einer verheirateten Frau Zärtlichkeiten austauscht, den ereilt der Tod auf ihrer Türschwelle. ALTÄGYPTEN

Sage einem Kind, es soll irgend jemanden rufen, den es kennt
– es wird gewiss den Geliebten der Mutter rufen. IGBO

Sklaverei

Gib einem neuen Sklaven ein Umschlagtuch, damit er das
Land seiner Herkunft vergisst. SWAHILI

Ein Sklave kennt seinen Herrn. TSHI

Selbst ein Sklave war einmal jemandes Kind. SWAHILI

So oder so

Man hört nicht auf einen Mann, der immer weint. NANDI

Schwarz lacht nicht über Schwarz. OVAMBO

Renne nicht vom Rauch ins Feuer. TEMNE

Er floh vor dem Schwert und versteckte sich in der Scheide.
YORUBA

Es ist alles eins: Ob jemand von einer alten Schlange oder von
ihrer Brut gebissen wird – es ist jedesmal giftig. NANDI

Ein Leichnam kann einen anderen nicht auslachen. MONGO

Auch wenn der Hahn nicht kräht, geht die Sonne auf.
TSONGA

Obwohl die Nacht sich hinzieht, wird der Morgen anbrechen.
KONGO

Es ist kein Unterschied zwischen einem Dieb und seinem
Komplizen. GIKUYU

Starrköpfig

Wer nicht zuhören kann, lernt erst, wenn die Axt in seinem
Kopf steckt. NYANJA

Wer nichts zu erfahren wünscht, wird auch nichts erfahren.
SUKUMA

Wer jene zurückweist, die ihn beraten wollen, wird jene, die
ihn begraben wollen, nicht zurückweisen. UGANDA

Weigerst du dich, geradegebogen zu werden, wenn du grün bist, biegt dich niemand nicht mehr gerade, wenn du dürr wirst. KAMBA

Das Ohr, das guten Rat missachtet, wird mitsamt dem Kopf abgehackt. NIGERIA

Die Starrköpfigen sterben an ihrer Starrköpfigkeit. ZULU

Die Starrköpfigkeit der Spinne: Obwohl sie tot ist, hängt sie noch immer in ihrem Netz. TEMNE

Stolz und Würde

»Ich habe eine Abkürzung genommen«, sagt, wer sich verirrt hat. UGANDA

Ein stolzer Mann verabscheut Stolz. SWAHILI

Wäre jugendlicher Stolz Reichtum, hätte jeder ihn im Laufe seines Lebens gewonnen. TSHI

Wer einen anderen unterrichtet, ist stolz. KAONDE

Wird ein Geier von einem starken Wind davongetragen, behauptet er, er spiele nur. KORANKO

Die Würde eines Tigers wird gewahrt, wenn er schläft. IGBO

Selbst wenn der Löwe gedemütigt wird, spielt er nicht mit dem Schwein. HAUSA

Was den Sinnen süß ist, lässt dich deine Würde vergessen. GANDA

Strafen

Essen ohne zu fragen bringt den Tod ohne krank zu sein. NIGERIA

Die Rute schlägt den Charakter nicht, doch der Körper knüpft die Verbindung. NUPE

Der Körper hört besser als das Ohr. HAUSA

Der kleine Klaps erzieht. UGANDA

Streit und Gewalt

Nicht streiten ist besser als streiten und sich wieder vertragen.
ANGASS

Nur im Streit erkennt man den besseren Mann. HAUSA

Einmal zu kämpfen beweist Tapferkeit, aber immer zu kämpfen ist dumm. OROMO

Wer am Messer Gefallen findet, kommt durch das Messer um.
BEMBA

Hast du Feinde, dann geh mit deinem Speer auf Reisen.
NAMIBIA

Schlägt ein Vater sein Kind, wird er wohl auch die Mutter schlagen. GANDA

Wirft einer seinen einzigen Speer nach dir, fürchtet er dich nicht. UGANDA

Streiten sich zwei, ist der Dritte der Friedensstifter. TSHI

Tritt nicht dazwischen, wenn Brüder sich streiten. UGANDA

Streite dich nicht in einer Sache, in der du im Unrecht bist.
ALTÄGYPTEN

Wer fragt: »Worüber habt ihr euch gestritten?«, läßt den Streit von gestern wieder aufflammen. GANDA

Nur wer die Ursache eines Streites kennt, weiß, wie das Streitgespräch zu führen ist. HO

Der Streit der Schafe geht die Ziegen nichts an. HO

Wer streitet, verträgt sich auch wieder. SWAHILI

Sich um Dinge zu streiten, die einem nicht gehören, heißt unnötige Tränen zu vergießen. GANDA

Ohne einen Zweiten kann kein Streit beginnen. SWAHILI

Fortlaufen beendet keinen Streit. GANDA

Wer von den Argumenten des anderen überwältigt wird, kommt nicht zurück, um weiter zu diskutieren. GIKUYU

Süßes

Süß auf den Lippen, sauer im Magen. OVAMBO

Süße geht mit Bitterkeit Hand in Hand. EFIK

Es gibt Menschen, die, wie Zuckerrohr, getötet werden, weil sie süß sind. GIKUYU

Nichts Süßes ohne Schweiß. UGANDA

Takt

Begegnest du einem alten Mann mit Stock, sprich nicht übers Alter. UGANDA

Hast du deine Miete nicht bezahlt, so besuche den Hausherrn nicht. SWAHILI

Schau nicht auf ein zerrissenes Kleid. MADAGASKAR

Wer beim Tanz zu spät kommt, sollte kein Lied vorschlagen – vielleicht wurde es bereits gesungen. GBANDE

Ich spreche zu den Unteren, aber ich meine die Oberen. UGANDA

Kommt der Jäger aus dem Busch und bringt Pilze, so frage ihn nicht, wie die Jagd war. TSHI

Zähle niemals Zehen in Gegenwart eines Menschen mit neun Zehen. NIGERIA

Ein Kalb schlachtet man nicht vor den Augen seiner Mutter. NANDI

Der Mund muss nicht alles weitererzählen, was die Augen sehen. YORUBA

Vermeide dort zu sein, wo du nicht eingeladen bist. HAYA

Taten

Geh erst über die Brücke, wenn du am Fluss bist. SWAHILI

Ehre lässt sich nicht herbeischreien. KAMBA

Beißt der Hund deinen Nachbarn und du unternimmst nichts,
beißt er vielleicht auch dein Kind. YORUBA

Ist eine Schlange im Haus, bedarf es keiner langen Diskussion.
EWE

Menschen erkennt man an ihren Taten. JABO

Die Taten einer Frau sind ihr Leben. IGBO

Gute wie böse Taten bringen jeweils ihresgleichen hervor.
EWE

Es ist leichter zu wissen, was zu tun ist, als es zu tun. SWAHILI

Die Taten eines Menschen zählen, nicht seine Jahre. AFRIKA

Wenn Taten sprechen, bedeuten Worte nichts. AFRIKA

Teilen

Gott hat dir gegeben, um mir zu geben. AMHARISCH

Es ist nicht schwierig, zwei Dinge zu teilen. EWE

»Unser« ist nicht dasselbe wie »Mein«. SWAHILI

Leg es hin, lass uns teilen – Dinge, über die man streitet,
verderben. LAMBA

Etwas Kleines wird nicht geteilt. OVAMBO

Wer deine Last nicht getragen hat, weiß nicht, wie schwer sie
ist. HAYA

Ein einziger Mann tötet den Elefanten, doch eine ganze Stadt
verzehrt ihn. TSHI

Tiere

Ein Vogel fliegt hoch am Himmel, doch sein Begräbnis findet
auf der Erde statt. MAMPRUSSI

Die Tränen eines Hundes fallen in seinen Magen. CHOPI

Der Jäger weiß nicht, wie enttäuscht sein Hund ist. GANDA

Du mußt dir deinen eigenen Hund erziehen – die Hunde anderer Leute werden nicht für dich bellen. OVAMBO

Der Krebs war in mancherlei Wasser geschwommen; als er aber in die Suppe einer Frau geriet, konnte er nicht mehr schwimmen. IGBO

Selbst der größte Vogel muss vom Himmel herunter, um einen Baum zu finden, auf dem er schlafen kann. AFRIKA

Dem Elefanten sind seine Stoßzähne nicht zu schwer. PEDI

Jagst du ein Tier und gibst ihm nicht Raum genug zur Flucht, wird es dich überrennen. TSHI

Rätselhaft ist es, wenn ein Affe vom Baum fällt. SHONA

Folge nie einem Tier in seine Höhle. TSWANA

Das Krokodil ist Vater und Mutter allen Übels. HAUSA

Die Menschen würden das eine sagen und das andere oder gar nichts tun, das bringe sie zum Lachen und Weinen, meinte die Hyäne. MAMPRUSSI

Fängt ein Leopard eine Schildkröte, dreht er sie vergeblich hin und her. TSHI

Wer etwas Kleines verachtet, ist noch nie auf einen Skorpion getreten. HAUSA

Du fürchtest dich vor einer Schlange und sie sich vor dir. OVAMBO

Lauf nie einem Huhn nach mit Salz in der Hand. THONGA

Der Panzer der Schildkröte verbirgt die Tatsache, dass sie atmet. YORUBA

Hast du die Henne gefangen, kannst du ohne Schwierigkeiten auch die Küken einfangen. TSHI

Tod

Bei jeder Beerdigung weinen wir um unsere eigene Mutter und unseren eigenen Vater. TSHI

Schönheit und Stolz gehen mit ins Grab. SWAHILI

Der Tod kommt nur einmal. EFIK

Der Tod kennt den König nicht. IGBO

Der Tod ist in unseren Beinen – wir gehen mit ihm. THONGA

Der Tod ist wie ein verwöhntes Kind – er bekommt alles.
NAMIBIA

Der Tod ist der größte Arzt, der alle Krankheiten heilt. IGBO

Der Tod trifft keine Verabredungen mit den Menschen.
GIKUYU

Selbst den Stolzen wird die Erde bedecken. OVAMBO

Jeder Tod ist derselbe. TSHI

Angst ist kein Hindernis für den Tod. BAMBARA

Gott schuf den Tod, doch der Tod brachte IHN um. TSHI

Ich bin noch nicht tot – ich kann noch ein wenig mehr leiden.
NAMIBIA

Wenn der Tod gekommen und noch nicht wieder fortgegangen
ist, sagst du ihm nicht: »Ich bin noch da.« TSHI

Es ist besser, an einem anderen Tag zu sterben als gerade
heute. SWAHILI

Nur der Tod kann eine Antilope in ein Stadthaus einlassen.
YORUBA

Den Tod fürchtet man und er ist unausweichlich. OROMO

Keiner kennt den Botschafter des Todes. SHERBRO

Die Pläne der Menschen gehen nicht immer in Erfüllung, wohl
aber die des Todes. TSWANA

Die Armut mag man einladen, doch der Tod kommt von
allein. SHONA

Kraft verhindert nicht, dass man stirbt. GIKUYU

Die Begräbnisfeierlichkeiten können lästig sein, wenn der Verstorbene mehr Aufmerksamkeit fordert als zu seinen Lebzeiten. HAYA

Sind die Tage zu Ende, braucht es keine Medizin mehr. KANURI/BORNU

Die tote Ziege fürchtet das Gewehr des Jägers nicht. EWE

Der Tod eines geliebten Menschen erinnert dich an deinen eigenen Tod. HAYA

Die Antilope begibt sich nicht auf den Markt, aber ihr Fell. ASHANTI

Der letzte Mensch, der stirbt, wird eine unvorstellbare Erfahrung machen. YORUBA

Die Hacke des Todes jätet das Unkraut nicht nur auf einem Acker. TSHI

Wenn der Botschafter des Todes kommt, um dich mitzunehmen, soll er dich vorbereitet finden. ALTÄGYPTEN

Der Fluss zahlt keine Wiedergutmachung, die Erde nimmt kein Lösegeld entgegen. MONGO

Der Durst des Todes ist nie gestillt. GIKUYU

Es gibt keinen Anfang ohne Ende. SWAHILI

Viele sterben durch Unwissenheit, wenige, weil sie intelligent sind. YORUBA

Was du liebst, liebt auch der Tod. TWI

Wenn der Tod deinen Altersgenossen holt, ist es eine Warnung für dich selbst. YORUBA

Ist alles tot, wenn einer tot ist? NYANG

Du solltest nicht abmagern, nur weil du immer an den Tag denkst, an dem du sterben wirst. TSHI

Viele Tage des Lachens werden ausgelöscht von einem Augenblick der Trauer. UGANDA

Was du als tödlich erkennst, bringt dich nicht um. UGANDA

Die Maus sagt: »Wer mich tötet, verletzt mich nicht so sehr wie jener, der mich nach meinem Tod wegwirft.« TSHI

Selbstmord kann nicht gerächt werden. EWE

Der Gedanke, sich das Leben zu nehmen, entsteht nicht an einem einzigen Tag. IGBO

Tränen

Neue Tränen erinnern an alte. GANDA

Nach dem Ausmaß des Kummers fließen die Tränen. IGBO

Die Tränen dessen, der dich liebt, fließen selbst aus einem kranken Auge. SWAHILI

Weinen erleichtert das Herz. TSWANA

Man weint nicht nur mit einem Auge. IGBO

Trunkenheit

Ist der Hahn betrunken, vergisst er den Habicht. TSHI

Bekommst du kein Bier, bekommst du auch keinen Rausch. UGANDA

Ein Dieb geht mit Dieben, ein Säufer mit Säufern. SWAHILI

Wer vom Wein trunken ist, wird wieder nüchtern; wer vom Reichtum trunken ist, wird nie mehr nüchtern. SWAHILI

Übereinstimmung

Klugheit und Dummheit gehen Hand in Hand. OVAMBO

Schwein und Schlamm gehören zusammen. SHONA

Wir haben das Süße gemeinsam gegessen, so ertrage nun auch das Bittere. SWAHILI

Du willst das Paradies, doch nicht den Tod. FULBE

Menschen sind sich oft eins in ihren Worten, doch nicht in ihrem Urteil. GIKUYU

Übereinstimmung zu erlangen bedeutet Fortschritt. SUKUMA

Zwei, die sich eins sind, sind stärker als acht, die sich streiten.
SWAHILI

Sind sich die Köpfe einig, rückt nahe, was fern ist. SWAHILI

Überheblichkeit

Ein scharfes Messer kann stumpf werden. GIKUYU

Wirst du gepriesen, bist du ruiniert. GIKUYU

»Ich weiß genau, wie es geht« verhindert, dass die Wespe lernt Honig herzustellen. YORUBA

Ein Badeplatz, den du zu gut kennst, bringt dir den Biss eines Krokodils. TONGA

Auf dem Pfad, vor dem du dich nicht fürchtest, erwischt dich das wilde Tier. TSHI

Auch den besten Schwimmer reißt das Wasser mit sich. ZULU

Das Krokodil packt den, der die Furt am besten kennt. HAUSA

Das Essen im Mund ist noch nicht im Magen. GIKUYU

Das Gras, das du verachtest, sticht dir eines Tages die Augen aus. ANGASS

Überlegen und unterlegen

Der Wind dreht nie einen Stein um. MONGO

Ein gerader Baum verlässt bald den Wald. YORUBA

Etwas, das nicht sprechen kann, gehorcht dem, der sprechen kann. GANDA

Ein Wolf hat nichts zu befürchten – es ist der Hund, der in die Höhle des Wolfs eindringt, der in Schwierigkeiten gerät.
YORUBA

Nach dem Elefant kommt ein noch größeres Tier – der Jäger.
TSHI

Butter kann nicht gegen die Sonne ankämpfen. UGANDA

147

U

Selbst wenn Tausende von Kakerlaken kommen – ein Huhn wird mit allen fertig. IGBO

Der Himmel sieht den Rücken der fliegenden Vögel. IGBO

Die Felsklippen machen sich über die Flußufer lustig. GIKUYU

Der Hund ist für die Hyäne eine Kolanuss. HAUSA

Der Elefant wirbelt Staub auf und der Büffel auch, doch der Staub des Büffels geht im Staub des Elefanten unter. YORUBA

Es ist unnötig mit jemandem zu streiten, dessen Aufstieg das selbst Erreichte übertrifft. YORUBA

Selbst wenn die Okrapflanze höher wächst als die Bäuerin; sie biegt die Zweige herunter und pflückt die Früchte. EWE

Unter Tauben gibt es keine Größe – sie sind alle Zwerge. YORUBA

Sieht ein Hund das Gesicht eines Leoparden, wird er schweigen. YORUBA

Überraschung

Ein Gewehr, das nicht losgeht, bringt seinen Besitzer in Gefahr. OVAMBO

Reiche niemandem deine offene Hand, der dir noch nie etwas geschenkt hat. UGANDA

Gute Früchte kommen aus guten Samen. TSONGA

Bist du nicht an der Reihe mit Kochen und tust es trotzdem, bekommt eine andere den Dank. EWE

Es regnet nicht immer so, wie es donnert. UGANDA

Der Mensch zählt, was man ihm verweigert, nicht, was er erhält. GIKUYU

Niemand räumt Probleme aus dem Weg, um neue zu bekommen. TSHI

Kein Baum hat je Früchte getragen, ohne vorher zu blühen. ASHANTI

Das Erwartete kommt nicht an. OVAMBO

Die Früchte fallen unter den Baum. EWE

Umfeld

Ein Kind, das dort aufwächst, wo immer getanzt wird, kann tanzen. NYANJA

Da der Krebs am Fluss lebt, versteht er die Sprache des Flusses. TWI

Wie tief auch immer das Wasser sein mag – der Frosch sieht bis auf den Grund. HAUSA

Verlässt das Krokodil das Wasser, wird es sich auf einem Speer wiederfinden. BURA

Wird ein Frosch ins Wasser geworfen, findet er nicht den Tod. SWAHILI

Bleibt die Melone am selben Platz liegen, gelangt sie zur Reife. TWI

Die richtige Umgebung ist der Anfang des Erfolgs. SWAHILI

Am Abend ist selbst ein kupferfarbener Mensch schwarz. TSHI

Die Stärke des Fischs liegt im Wasser. SHONA

Wächst eine Yamsknolle nicht richtig, geben wir nicht ihr die Schuld, sondern dem Boden. TSHI

Umsicht

Man erzieht den Hund nicht erst an dem Tag, an dem man zur Jagd in den Busch geht. MAMPRUSSI

Trag immer eine Waffe bei dir – eines Tages wird sie dir von Nutzen sein. SWAHILI

Mische dich nicht in einen Streit ein, wenn du keine Waffe hast. SWAHILI

Besitzt du Speere, so nimm zwei – verfehlt einer das Ziel, trifft der andere. SHONA

Wer über eine Sache schon Bescheid weiß, verwirrt den Lügner. YORUBA

Wer sein Haus abgeschlossen hat, geht auf eine Reise. SHONA

Linke Hand, lerne, ehe du dir die rechte brichst! OVAMBO

Auf dem Schlachtfeld fertigt man keinen Schild. AFRIKA

Dich früh vorzubereiten ist besser als dich selbst zu heilen, wenn die Krankheit dich erreicht. MAMPRUSSI

Bereit sein kennt keine Furcht. TWI

Einige hoffen auf Regen, auch wenn ihre Felder noch nicht bereit sind. GIKUYU

Das Unglück, das kommt, wenn du bereits davon weißt, raubt dir wenig. UGANDA

Der Mensch, der stets auf den Krieg vorbereitet ist, wird nie besiegt. EWE

Der Stock, der sich im Haus deines Freundes befindet, vertreibt den Leoparden nicht. GANDA

Nimm einen Stock, wenn die Person vor dir ausrutscht. SWAHILI

Lernst du nicht schießen, wirst du dein Ziel nie treffen. OVAMBO

Eine Maus, die zwei Löcher hat, um sich zu verstecken, wird nicht sterben. GURAGE

Damit die Pflanze wohl gedeiht, musst du dich um den Setzling kümmern. GIKUYU

Zum Baden gehört nicht nur Wasser, sondern auch eine Bürste. HAUSA

Triffst du auf eine Schlange, vergewissere dich, dass du sie ganz tötest. NAMIBIA

Unbedeutendes
Ein kleiner unbeachteter Splitter kann dir ein Hinken einbringen. UGANDA

Ein kleiner unbedeutender Pfad führt dich bisweilen zur
großen Straße. GIKUYU

Inmitten einer Menschenmenge fällt etwas Kleines nicht auf.
ILA

Ein Funken brennt einen ganzen Wald nieder. OVAMBO

Ein kleiner Wurm kann einen großen Baum fressen. NAMIBIA

Auch wenn viele Mäuse ein Loch graben, wird es nicht tief.
TSHI

Ein kleiner Kochtopf kann überkochen und das Feuer
ausgehen lassen. IGBO

Auch was verachtet wird, könnte siegen. MAASAI

Ein Strick gefügt zum andern kann selbst einen Leoparden
fesseln. OJI

Aus dem Wald, den du vor dir siehst, kommt der Strick, der
dich binden wird. AFRIKA

Ihr streitet euch über den Unterschied zwischen sieben und
sechs. SUKUMA

Ein kleiner Schlüssel öffnet ein großes Vorhängeschloss.
SWAHILI

Undank

Erhält jemand Butter geschenkt, erwidert er das Geschenk mit
einem Stein. OROMO

Trage keine Schlange unter deinem Umhang – wird ihr warm,
wird sie dich beißen. TSWANA

Wer über den Fluss gesetzt hat, vergisst den Fährmann.
GANDA

Der, den du gelehrt hast, sein Feld zu bebauen, schenkt dir
nichts von seinem Überfluss. GANDA

Ist jemand, der Hilfe empfangen hat, undankbar, wird er nie
wieder Hilfe bekommen. IGBO

Ziehst du einen Hund mit Milch groß, wird er dich gleich morgen beißen. SHONA

Menschen zählen nicht die Geschenke, sondern, wie oft sie ihnen verweigert wurden. GIKUYU

Die Dankbarkeit, die Bienen für ihren Fleiß erfahren, besteht in dem Rauch, mit dem die Leute sie ausräuchern, um sich ihres Honigs zu bemächtigen. SWAHILI

Wer anderen geholfen hat, die Leiter zu erklimmen, erhält einen Tritt in die Zähne. SWAHILI

Der Ochse bedankt sich, indem er ausschlägt. CHAGGA

Der Friedenstifter bekommt Schläge. TSHI

Die Undankbaren verhärten die Herzen der Großzügigen. UGANDA

Der Weizen hasst den Regen, der ihn wachsen ließ. GURAGE

Man liebt ihre Geschenke, doch sie liebt man nicht. HAYA

Ziehst du ein Eichhorn aus dem Wasser, überlegt es, welche Streiche es dir spielen kann. DUALA

Befreist du den Affen von seinen Zahnschmerzen, knabbert er mit seinen Zähne an deinem Mais. MAMPRUSSI

Du hast seine Hoden geheilt, jetzt benutzt er sie bei deiner Frau. UGANDA

Die Augen, die du heilst, werden dich eines Tages voll Neid anschauen. LUO

Unerfahrenheit

Ein Baby auf dem Rücken seiner Mutter weiß nicht, dass langes Gehen ermüdet. IGBO

Sprich nicht vom Hunger mit einem, der noch nie eine Mahlzeit verpasst hat. UGANDA

Ein Satter weiß nicht, wie einem Hungrigen zu Mute ist. FULBE

Wer mit einem Stöckchen isst, weiß nicht, dass jener, der mit den Fingern isst, sich verbrennt. GIKUYU

Wer diese Reise noch nie unternommen hat, sagt, sie sei leicht. GANDA

Wer über eine Narbe lacht, hat noch nie eine Wunde gehabt. SWAHILI

Wird einem Kind ein großer Geldbetrag anvertraut, entstehen daraus große Schulden. TSHI

Unerfahrenheit und Tollkühnheit geben der Maus den Wunsch ein, die Katze zu einem Kampf herauszufordern. YORUBA

Wer noch keine schweren Erfahrungen gemacht hat, hört Singen, wenn die Menschen weinen. EWE

Wenn ein Kind lernt, schöne Muster zu entwerfen, übt es nicht auf dem Fell eines Leoparden. TSHI

Unfähigkeit

Ein leeres Gewehr kann nicht schießen. TEMNE

Ich kann meine eigene Last nicht tragen, trotzdem sagst du: »Hilf mir!« TSHI

Überfordert eine Angelegenheit deine Weisheit und du hast trotzdem Antworten bereit, ergibt sich meist nicht die richtige Lösung. TSHI

Man hat es im Kopf, doch die Hände sind nicht da, um es zu vollbringen. IGBO

Melonen sind für jene da, die keine Töpfe haben. NDEBELE

Die Maus auf dem Weg, der zum Wasserloch führt, hört, dass es dort Schwierigkeiten gibt, doch sie kann nicht sprechen. MAMPRUSSI

Die Schildkröte möchte gern an die Tür klopfen, aber ihre Arme sind zu kurz. SHERBRO

Was sich außer Reichweite eines großen Mannes befindet, ist auch für den kleinen unerreichbar. FIPA

Du kannst deinem Nachbarn kein Licht bringen, wenn in deinem eigenen Haus Dunkelheit herrscht. SWAHILI

Du wirst mit Pferden nicht fertig, wie willst du mit Elefanten umgehen? SWAHILI

Ungewisses

Eine Frau weiß nicht, ob sie morgen noch sehen kann. EFIK

Zielen heißt nicht das Ziel treffen. GIRIAMA

Die Schildkröte sagt, dass sie wunderschön tanze, doch wegen ihres Panzers könne man es nicht sehen. EWE

Der Schoß einer Frau ist ein unvoreingenommener Behälter – er trägt Dieb wie Hexe gleichermaßen. SHONA

Niemand weiß, in welche Richtung und in welcher Form die Hörner eines Kalbs wachsen werden. UGANDA

Unglück

Ein geduldig ertragenes Unglück ist, als sei es nie geschehen. HAUSA

Ein Wassertopf zerbricht gerade vor der Haustür. LUYIA

Ein Unfall klopft nicht an die Tür. SWAHILI

Lach nicht über einen blinden Mann – er kann nichts dafür. SWAHILI

Selbst auf einem glatten Weg kannst du dir die Zehen stoßen. SUKUMA

Gute Tage sind bald vergessen, schlechte nie. IDOMA

Er flieht vor dem brüllenden Löwen und läuft dem lauernden in den Rachen. TSWANA

Kämpfen Männer bei Mondschein, werden die Glatzköpfigen bestimmt getroffen. MADAGASKAR

Stolperst du auf deinem Hinweg nicht über den kleinen Baumstumpf auf dem Weg, dann mit Sicherheit auf dem Rückweg. GANDA

Das Kind, das Wasser holt, zerbricht den Topf. MAMPRUSSI

Vom Rauch ins Feuer. TEMNE

Einer entging dem Speer, fiel aber durch den Pfeil. SWAHILI

Die Trommel, die sich gut schlagen lässt, ist jene, die zerbricht. KAONDE

Die Henne eines Armen legt keine Eier, und wenn, dann schlüpfen sie nicht. SWAHILI

Der Baum, den du gefällt hast, fiel aufs Wasser, das du trinkst. KAONDE

Du wirst der Kobra begegnen, wenn du keinen Stock dabei hast. NAMIBIA

Am Haus der Zahnlosen wächst grüner Mais in Fülle. SHONA

An dem Tag, an dem der Schildkrötenmann sich fein macht, begegnet er nie seinem Schwiegervater. NIGERIA

Du kannst einen ganzen Elefanten verspeisen und nichts bleibt dir in der Kehle stecken, dann isst du einen Fisch und verschluckst dich an der Gräte. TSHI

Am Tag, an dem ich jagen gehe, klettert der Hase auf die Bäume. IGBO

Unschuld

Ich habe niemanden zum Weinen gebracht. ALTÄGYPTEN

Wie soll der Pfeffer, den du nicht gegessen hast, dich verbrennen? SWAHILI

Der Mensch, der im Haus bleibt, kann nicht für das beschuldigt werden, was draußen passiert. YORUBA

Den Sauberen kümmert es nicht, wenn ihm gesagt wird: »Du stinkst!« UGANDA

Wer ohne Falsch ist, kann nicht aus der Ruhe gebracht werden. MAMPRUSSI

Du beschuldigst den Habicht, während der Falke die Hühner holt. SWAHILI

Unterschiede

Betrügen und etwas gewaltsam tun ist nicht dasselbe. MAASAI

Sieht dein Kopf nicht wie Tetes' Kopf aus, sagst du nicht:
»Schneide mein Haar nach demselben Muster wie Tetes«.
TSHI

Die linke Hand gleicht nicht der rechten. MAMPRUSSI

Der Penis weiß nicht, was die Vagina denkt. IGBO

Wenn Eidechse und Ratte ins Wasser springen, vertrocknet der
Körper der Eidechse, doch die Ratte bleibt nass. IGBO

Unveränderliches

Ein Arzt kann kein angeborenes Leiden heilen. IGBO

Der Ringelschwanz eines Hundes kann nicht gerade gemacht
werden. TSONGA

Selbst wenn man einem Habicht eine Kuh schlachten würde,
bliebe sein Auge doch immer auf die Hühner geheftet. IGBO

Die Fahne dreht sich nach dem Wind. SWAHILI

Ein Löwe bleibt ein Löwe, auch wenn er Gras frisst. SWAHILI

Ein Dornbusch wird immer Dornen tragen. GIKUYU

Ein Baumstamm mag tausend Jahre auf dem Grund des
Flusses liegen, er wird doch nie ein Krokodil. TSHI

Egal wie gründlich eine Krähe sich auch putzen mag, sie bleibt
immer schwarz. SHONA

Niemand lehrt ein Leopardenjunges zu springen. ASHANTI

Was Früchte tragen wird, treibt zuerst Blüten. SWAHILI

Das Kind einer Schlange ist eine Schlange. SWAHILI

Die Gazelle springt – sollte ihr Kind kriechen? FULBE

Wir können nichts dagegen tun, dass das Schwein sich im
Morast wälzt. YORUBA

Selbst wenn eine Maus so groß wie ein Stier wäre, so bliebe sie doch die Sklavin der Katze. OJI

Obwohl ohne Hörner, trotzdem eine Kuh. OVAMBO

Alle Flüsse führen zum Meer. SWAHILI

Du magst schlau sein, doch deinen Schatten wirst du nie los. IGBO

Der Sohn des Zebras hat auch Streifen. SUKUMA

Wird der Fluss nicht in seine Grenzen verwiesen, fließt er über die Straße. TSHI

Gäbe es in der Savanne keine Elefanten, wäre der Büffel der Größte. JABO

Eine volle Büchse macht keinen Lärm, nur eine leere. TSONGA

Ein guter Baum wächst auch im Dorngestrüpp. HAYA

Fällt Regen auf den Leoparden, so wird er nass, aber die Flecken auf seinem Fell werden nicht ausgewaschen. ASHANTI

Eine Schlange verliert ihre Haut, aber niemals ihr Gift. NAMIBIA

Eine gefleckte Kuh bringt ein geflecktes Kalb zur Welt. LUYIA

Ein weißes Huhn ist und bleibt weiß, auch wenn du es in rotes Palmöl tauchst. TEMNE

Ein leerer Sack steht nicht. TEMNE

Sobald der Affe auf einen Baum geklettert ist, wird er dich beschimpfen. NAMIBIA

Ehe du ein Zicklein kaufst, mußt du dir die Mutter anschauen. EWE

Gestank zieht Fliegen an. LAMBA

Von einem Esel erwartet man, dass er ausschlägt. OVAMBO

Willst du einen Hund wegjagen, so wirf ihm einen Knochen hin. SHONA

Die Kalebasse, die einen Boden hat, steht am sichersten. KAMBA

Die Katze kannst du nicht gebratenen Fisch bewachen lassen. EWE

Das Krokodil empfing und gebar nichts als Probleme. HAUSA

Die Hyäne wacht nicht über eine Leiche. FIPA

Das Leopardenjunge hat Krallen wie seine Mutter. GIKUYU

Obwohl der Regen auf einen Stein prasselt, bleibt der, wo er ist. TSHI

Was eine Hyäne tut, werden alle tun. NAMIBIA

Das Schaf schaut mit mildem Blick auf das, was der Hund anbellt. YORUBA

U Unvermögen

Einen Buckligen bittet man nie, aufrecht zu stehen. YORUBA

Der Fluß, der bergab fließt, verbietet dir, gegen den Strom zu schwimmen. EFIK

Ist der Speer geworfen, kannst du ihn nicht mehr am Schwanz packen. OROMO

Verbrennt sich das Kind am Bauch und die Mutter am Rücken, wird das Tragen unmöglich. SHONA

Egal, wie schnell du isst, deine Zunge schluckst du nie. FULBE

Nein, der Himmel kommt niemals auf die Erde und die Berge niemals in die Täler. HAUSA

Mit Wasser im Mund kann man kein Feuer anblasen. IGBO

Bei Nacht kann man keinem Pfeil ausweichen. KAONDE

Unwissenheit

Alle Pflanzen haben Heilkräfte, wer sie aber nicht kennt, sagt, manche seien nutzlos. TSHI

Ein Kind, das immer im Haus seiner Mutter bleibt, glaubt, ihre Suppe sei die Beste. EFIK

Wer noch nie den Neumond erlebt hat, hält die Sterne für den Mond. VAI

Ein Mensch, der nichts weiß, weiß nicht, dass er nichts weiß. GANDA

Ein Affe zerbrach nach dem Rasieren das Rasiermesser – er wusste nicht, dass sein Haar bald wieder wachsen würde. NIGERIA

Ein Mensch, der in den Krieg eilt, ahnt nicht, dass ihn dort der Tod ereilen kann. IGBO

Da ein Kind nicht gesehen hat, was vor seiner Geburt geschah, soll es sich mit dem, was man ihm erzählt, zufrieden geben. EWE

U

Kennt man die Bäume nicht, behandelt man sie alle wie Feuerholz. UGANDA

Unwissenheit ließ das Huhn hungrig auf einem Bündel Maiskolben einschlafen. HAUSA

Unwissenheit ist wie die Nacht. MAMPRUSSI

Zu viel wissen ist auch Unwissenheit. GIKUYU

Nichts wissen ist schlecht, nichts wissen wollen noch schlechter. WOLOF

Die Pflanze, die du zertrittst, ist die, die dich heilen kann. OVAMBO

Der Unwissende preist seine eigene Unwissenheit. SWAHILI

Der Unwissende ist durstig während er an der Quelle sitzt. OROMO

Die Unverständigen und Ungelehrigen lernen ihre Lektionen, indem sie sich öffentlich lächerlich machen. YORUBA

Der Wunsch nach dem Unmöglichen entsteht aus Unwissenheit. SWAHILI

Hört die Musik auf, tanzt ein Tauber weiter. IGBO

Kennst du den Leoparden nicht, wirst du gefressen. FIPA

Der Unwissende wird von Schwierigkeiten überfallen. MAMPRUSSI

Ursache und Wirkung

Freundliches Wort, freundliche Antwort. IGBO

Wer dir einen falschen Weg zeigt, bringt dich an einen schlechten Ort. SWAHILI

Ehe man einen dicken Fisch fängt, muß man den Köder auswerfen. MENDE

Schwache Melker erkennt man an ihrem Melkeimer. OVAMBO

Streift kein Hauch die Palmblätter, so rascheln sie auch nicht. OJI

Wenn ein Junge vor dir wegrennt, am Eingang seines Hauses stehen bleibt, sich nach dir umdreht und dich erwartet, dann hat er einen Grund: Sein Vater ist nämlich da! HAUSA

Fällt das Auge auf die Schlafmatte, wird man schläfrig. JUKUN

Kein Schlaf – keine Träume. GA

Kein Rauch ohne Feuer. SHERBRO

Kein Meer ohne Wellen. SWAHILI

Der Mund antwortet auf das, was das Ohr hört. TSHI

Der Habicht fliegt hoch in den Lüften, aber seinen Schatten sieht man am Boden. IGBO

Der Töpfer gleicht seinem Topf. UGANDA

Wirf die Knochen fort, dann hast du Ruhe vor den Fliegen. HAUSA

Rennen die Beine weg, muß der Kopf wohl die Gefahr erkannt haben. SHONA

Wer die Ursachen nicht erkennt, dem verschweigt man sie. SWAHILI

Ursprünge

Etwas Vollkommenes hat bei seiner Herstellung verschiedene Stadien durchlaufen. HAYA

Ein umgepflanzter Baum hat keine Ähnlichkeit mit einem, der aus dem Samen gewachsen ist. MAMPRUSSI

Seine Wurzeln machen einen Baum stark. KAONDE

Wie hoch auch immer eine Kokospalme wächst, sie kommt aus der Erde. IGBO

Wie alt auch immer ein Baum sein mag – die Erde ist älter. IGBO

Sterben die Wurzeln eines Baumes, vertrocknen auch die Zweige. SWAHILI

Urteilen

Ein Kind bringt anderen ein Stückchen, das ebenso groß ist wie jenes, das es sich selbst in den Mund stecken kann. GURAGE

Ein Mann mit gesunden Urteilsvermögen lässt sich nicht täuschen. TSONGA

Lobe nicht deine Feldarbeit, wenn du Besucher hast, die mit eigenen Augen sehen können. GANDA

Gehst du allein, wird Gott über dich richten, gehst du mit einem anderen, werden Menschen über dich richten. MADAGASKAR

Du kannst nicht in allen Flüssen baden. TSHI

Der Richtspruch kann erst gesprochen werden, wenn alle Zeugen gehört sind. IGBO

Urteilen ist sich selbst verurteilen. SWAHILI

Das Huhn verließ den Menschen, der es getötet hatte, und ließ seine Wut am Kochtopf aus. IGBO

Das Auge wählt nicht das Beste. MAASAI

Verantwortung

Ein Mensch muss sterben für das, was er getan hat. SHONA

Man sollte keinen Fluch provozieren, um ihn einem anderen aufzubürden. TWI

Da du das Messer geworfen hast, suche jetzt die Nadel und flicke das Loch im Fell. UGANDA

Verletze dich nicht selbst und behaupte dann, man hätte dich verhext. TSWANA

Wer die Nahrungsmittel gestohlen hat, beteuert unaufhörlich, er sei es nicht gewesen. MONGO

Kümmern sich zwei Sklaven um eine Kuh, verhungert sie. TSHI

Der Prophet, der die Hungersnot vorhersagt, trägt nicht die Schuld dafür. UGANDA

Der Sohn ist schuld, der Vater unschuldig. ZULU

Wer seine Hand in die Tasche steckt, weiß, was er herausholt. IDOMA

Wer das Eisen ins Feuer legt, holt es auch wieder heraus. UGANDA

Wer für die Schwangerschaft verantwortlich ist, ist es auch für das Kind. MAMPRUSSI

Das Gewicht des Problems kennt nur der Besitzer. GUSII

Wer ins Feuer bläst, flieht vor dem Rauch. MAMPRUSSI

Ist ein Mann, der viele Ehefrauen hat, krank, verhungert er. TSHI

Du gibst dem Wolf die Schuld, obwohl deine Ziegen in der Nacht auf dem Feld herumliefen. OVAMBO

Wer gestohlenes Gut für Einbrecher aufbewahrt, ermutigt Diebstahl. YORUBA

Ist ein Kind zehn Jahre alt, gibt es keine Entschuldigungen mehr. FIPA

Ist die Biene in ihrer Wabe, macht sie Honig. GIKUYU

Der Mund, der die Körner verzehrt, ist auch der Mund, der fragt, was gesät werden soll. GIKUYU

Ob die gelieferte Ware dem Händler Profit bringt oder nicht, der Trägerlohn muss bezahlt werden. NIGERIA

Vergeben

Ein Wort des Friedens sühnt ein Verbrechen. OVAMBO

Wer vergibt, erringt den Sieg. ZULU

Wer nicht vergeben kann, soll nicht erwarten, dass ihm vergeben wird. SWAHILI

Wer vergibt, beendet den Streit. YORUBA

Kannst du ein Verbrechen nicht vergeben, begehst du ein Verbrechen. TWI

Vergebliche Mühe

Ein Junggeselle hat keine Frau – wozu also wird sein Penis steif? MAMPRUSSI

Ein Leichnam – trotzdem weinst du. OVAMBO

Ein Toter sieht deine Tränen nicht. MADAGASKAR

Ein Dieb, der eine Trompete stiehlt, wird keinen Platz finden, wo er sie blasen kann. YORUBA

Lehre einen Fisch nicht das Schwimmen. TSONGA

Verziere Schmutz nicht mit Ornamenten. MADAGASKAR

Sie zündet ein Feuer an im Wind. NDEBELE

Wer in den Himmel spuckt, spuckt sich selbst ins Gesicht. IGBO

Ich weiß wohl, wie ich laut fluchen kann, aber der Dieb hat taube Ohren. TSHI

Das ist ein Schild aus Blättern. TSONGA

Es ist besser, vergeblich zu gehen als vergeblich zu Hause zu bleiben. SWAHILI

Keiner versteckt sich und fängt an zu husten. TSHI

Gefällt der Leiche der Begräbnisplatz nicht, soll sie aufstehen und gehen. IGBO

Beißt die Schlange die Schildkröte, verschwendet sie ihren Giftzahn. IGBO

Obwohl du dich vernünftig mit einem Tauben unterhältst, kann er dich doch nicht hören. OVAMBO

Es ist sinnlos, sich vor Krokodilen zu fürchten, wenn die Füße bereits im Wasser stehen. SHONA

Es ist nutzlos, im Dunkeln zu blinzeln. SHONA

Es ist vergebliche Mühe, Wasser mit einem Mörser zu stoßen. GIKUYU

Schlag keinen Zweig an, auf dem ein Vogel sitzt, der gerade fortfliegen will, er wird umso schneller auffliegen. TEMNE

Wasser zum Fluss tragen ist Zeitverschwendung. HAYA

Du hast einen Frosch ins Wasser geworfen. LUYIA

Auch wenn du weinst, kehrt deine Mutter nicht zurück. OVAMBO

Vergehen und Verbrechen

Es wäre am besten, wenn ein Vergehen sich zumindest dreimal wiederholte: Das Erste mag ein Unfall gewesen sein, das Zweite ein Fehler, das Dritte wurde aber wahrscheinlich absichtlich begangen. KONGO

Viele werden für das Verbrechen eines Einzigen verflucht. OVAMBO

Missetaten sind wie ein Berg – man geht auf dem Eigenen und beobachtet den der anderen. HAUSA

Ein gerade begangenes Verbrechen weckt schlafende. BEMBA

Siehst du, wie Falsches geschieht, und schweigst, kommt es später auch über dich. TSHI

Gefährlich ist der Mann, in dessen Geist kein Gesetz wohnt. TSONGA

Wer das Gesetz nicht achtet, preist jene, die es brechen. NZIMA

Vergessen

Vergessen ist dasselbe wie wegwerfen. AFRIKA

Der Fluss, der seine Quelle vergisst, wird austrocknen. YORUBA

Wer spricht, mag seine Worte vergessen, aber wer hört, vergisst nicht. ILA

Die Zunge vergisst mehr als das Ohr. UGANDA

Wenn zwei auseinander gehen, vergessen sie sich. GIKUYU

Mich belästigen ist besser als mich vergessen. NUPE

Vergleiche

Geht es ums Essen und nicht um den Verkauf, ist ein Huhn mehr wert als ein Pferd. HAUSA

Mit einem tauben Ehemann verheiratet zu sein ist besser als gar keinen zu haben. GANDA

Der Frosch kennt den Fluss nicht so gut wie der Fisch. YORUBA

Auf den Baum, der für den Pavian zu schwierig ist, kann auch kein anderer Affe klettern. SWAHILI

Wenn kein Vollmond ist, sind die Sterne hell. HAUSA

Verletzungen

Es ist leicht, etwas Zartes zu verletzen. YORUBA

Derjenige, der dir Böses antut, ist der Grund für deinen Hass auf alle Menschen. GANDA

Eine Narbe ist sehr verletzlich. SWAHILI

Er, der die Tat begangen hat, vergisst; sie, die sie erleiden musste, vergisst nicht. SOTHO

Wer andere verletzt, verletzt sich selbst. UGANDA

Es ist nicht schwer, andere zu verletzen, aber es ist schwer, wieder gutzumachen. TSONGA

Die Wunde, die wir versorgt haben, ist geheilt. OVAMBO

Die Axt vergisst, der Baum nicht. NDEBELE

Verlust

Ein Baum mit abgehackten Zweigen bewegt sich nicht mehr im Wind. EWE

Geht etwas verloren, beginnen wir mit der Suche zu Hause. TSHI

Das Kind, dessen Mutter starb, und das Kind, dessen Mutter zum Markt ging – beider Tränen unterscheiden sich nicht. GURAGE

Es zerbricht auch manches, das nicht ersetzt werden kann wie ein Topf. GIKUYU

Verrat und Treue

Der, mit dem du isst, wird dich umbringen. SUKUMA

Ich hadere nicht mit dem, der mich fängt, aber mit dem, der mich verrät. GIKUYU

Die Antilope verachtet nicht so sehr jenen, der den Jäger sieht, als vielmehr den, der ihren Aufenthaltsort verrät. GIKUYU

Ein Diener dient nur einem König und dient ihm gut; dient er zweien, ist er nur einem treu. IGBO

Man kann nicht zwei Herren dienen. HAYA

Versagen

Wer vier Füße hat, fällt gelegentlich – wieviel mehr, wer nur zwei Füße hat. HAUSA

Der Baum fällt dorthin, wo er hinschaut. SUKUMA

Kocht gut, aber verteilt schlecht. SUKUMA

Hast du dich einmal verschluckt, kannst du weiteressen, bist du gefallen, kannst du wieder aufstehen. MADAGASKAR

Wer deine Kletterkünste preist, nennt dich Krüppel, wenn du fällst. GANDA

Ich werde einem Feigenbaum, der nicht wächst, kein Wasser mehr geben. OVAMBO

Die Nadel hat einen guten Faden, aber sie sticht nicht. SWAHILI

Versprechen

Wer nie einen Eid geleistet hat, macht sich nicht schuldig, einen zu brechen. IGBO

Ein Versprechen ist eine Schuld, und eine Schuld muss beglichen werden. SWAHILI

Ein Versprechen ist wie ein Mann – wer sein Versprechen nicht hält, ist kein Mann. SWAHILI

Hand und Zunge geben nie gleichermaßen. ZULU

Das Versprechen ist nicht der Lügner, sondern der, welcher verspricht. GIKUYU

Versuchung

Isst dein Kind gern Fleisch, schick es nicht zum Fleischholen. UGANDA

Wer sich betrunken hat, ohne einen Kater zu bekommen, wird es wieder tun. UGANDA

Vertrauen

Ein Lügner kündigt den Feind nicht an. UGANDA

Freunde dich mit vielen an, doch vertraue wenigen. UGANDA

Wer anderen nicht vertraut, ist nicht vertrauenswürdig.
SWAHILI

Wer andere enttäuscht, ist nicht würdig Vertrauen zu genießen.
YORUBA

Traue dem, was du siehst. SWAHILI

Das Tier, das nicht auf Bäume klettern kann, sollte Affen kein
Geld anvertrauen. KONGO

Ein Hund, der einen Knochen frisst, vertraut seiner Kraft, ihn
zu brechen. SHONA

Wer durch den Fluss geht, mag ihn fürchten, doch der Fluss
fürchtet sich nicht. YORUBA

Wer den Stein einer Frucht schluckt, hat eine hohe Meinung
von seiner Kehle. TSONGA

Hörst du einen blinden Mann sagen: »Ich kann dich
schlagen«, so bedeutet es, dass er Unterstützung hat. SHONA

Lacht die Maus die Katze aus, ist ein Loch nicht weit. WOLOF

Vertrautes

Eine Kuhherde fürchtet sich nicht vor einer Kuh. GA

Der Jäger fürchtet die Geheimnisse des Waldes nicht. SHONA

Ein alltäglicher Weg hat keine Wegweiser. SWAHILI

Besser als der Engel, den man nicht kennt, ist der Satan, den
man kennt. GURAGE

Zu viel Vertraulichkeit brütet Verachtung. HAUSA

Häuser, die nahe beisammen stehen, geraten auch zusammen
in Brand. SWAHILI

Nur das Haus, das man kennt, betritt man im Dunkeln.
MAMPRUSSI

Auf einer Reise lernt man die Leute kennen. TSWANA

Verfaultes Fleisch macht die Hyäne nicht krank. FULBE

Die Ratte stößt sich den Kopf nicht, wo es im Haus am
dunkelsten ist. So ist es mit Dingen, die einem vertraut sind.
GANDA

Die Kuh wird von dem gemolken, den sie kennt. ZULU

Die Hand findet auch im Dunkeln den Mund. EWE

Wer das Essen serviert, kennt den Kochtopf. TSONGA

Vertrautes fürchtet man nicht. FULBE

Den Weg, den du immer gehst, kannst du nicht verpassen.
MONGO

Das Tier, das sich von Dornen ernährt, weiß, wie man sie isst.
UGANDA

Was dem Penis vertraut ist, ist auch der Vagina nicht fremd.
IGBO

Gewohntes kann keinen Schaden zufügen. YORUBA

Verwandtschaft

Steckt dein Verwandter nicht mit den Übeltätern unter einer
Decke, ist es für Außenstehende schwierig, dich zu ermorden.
YORUBA

Verwandtschaft kann nicht mit Wasser abgewaschen und
beseitigt werden. SHONA

Beziehungen sind wie ein halbvolles Maß, das mit
angebotenem Essen gefüllt wird. SHONA

Beziehung ist eine Sache von Besuchen. ANGASS

Was immer du besorgt hast, iss es mit Verwandten – ein
Fremder vergisst. SHONA

Warum sollte ich etwas gegen dich haben, bin ich nicht dein
Verwandter? FULBE

Es ist für mich nutzlos, jemanden anzuerkennen, der mich nicht anerkennt. SWAHILI

Voraussicht

Die Dunkelheit weist denen keinen falschen Weg, die vor Sonnenuntergang das besorgen, was sie brauchen. GIKUYU

Voraussicht verdirbt nichts. DUALA

Hast du nichts liegen gelassen, wirst du nichts finden. RUANDA

Bist du noch nie zu Schaden gekommen, wirst du nie Voraussicht lernen. DUALA

Sie wurde schwanger und wollte Fleisch essen, also wurde eine schwangere Kuh geschlachtet. Als sie geboren hatte, wollte sie Milch, und es war keine da. OROMO

Die Frau, die geboren hat, isst, was sie während der Schwangerschaft pflanzte. UGANDA

Man lernt Versöhnung, ehe man zu streiten gelernt hat. OROMO

Das in gesunden Zeiten gesammelte Feuerholz wärmt dich in kranken Zeiten. UGANDA

Bereite dich heute auf das Geschäft von morgen vor. SWAHILI

Eine Salbe, die schmilzt, verkauft man, ehe die Sonne aufgeht. BINI

Eine einbeinige Grille macht sich früh auf den Weg. IGBO

Bereite dich jetzt auf die Lösung der Probleme von morgen vor. SWAHILI

Fülle die Quelle, aus der du trinkst, nicht mit Sand. Wovon wirst du morgen trinken? TSONGA

Es mag sein, dass es einen Weg den Berg hinauf gibt, aber keinen, der herunterführt. GANDA

Du wirst keine Schläge einstecken, wenn du nachdenkst, ehe du handelst. MAASAI

Voreilig

Stelle dir nicht vor, was du aus dem Fell eines Tieres anfertigen möchtest, ehe du es nicht getötet hast. HAYA

Kaufe kein Tragetuch, ehe das Kind nicht geboren ist. TSWANA

Lach nicht über die Ausgerutschten – schlüpfrige Stellen liegen vielleicht auch auf deinem Weg. TSWANA

Miss nicht einen wachsenden Baum. MADAGASKAR

Man weist kein Essen zurück, das noch zugedeckt ist. IGBO

Wie kannst du schlucken, ohne vorher gekaut zu haben? NYANJA

Lache am Ende. SWAHILI

Noch ist das Tier nicht tot und du sagst schon: »Sein Schwanz kommt zu meinen Amuletten.« GANDA

Du lobst die Schärfe des Rasiermessers, mit dem du dich noch nicht rasiert hast. GANDA

Vorsicht

Das Huhn vergnügt sich nicht in der Nähe seiner Eier. IGBO

Ein Mann kennt sein Haus; trotzdem zündet er ein Licht an, ehe er hineingeht. MAMPRUSSI

Ehe man dich einlädt, beobachtet man dich genau. LUYIA

Geh lieber den längeren Weg und komme sicher ans Ziel. GANDA

Geh mit einem Schild, um im Streit zu vermitteln. LUYIA

Wer Kokosnüsse mit zu viel Sorgfalt aussucht, bekommt auch unreife. SWAHILI

Wer im Dunkeln geht, stolpert nicht. SWAHILI

Beleidige nicht das Krokodil, wenn du den Fluss überqueren willst. IGBO

Der Grashüpfer, der sorglos einschläft, erwacht im Maul der Eidechse. IGBO

Man spielt nicht dort, wo sich das Krokodil sonnt. KAONDE

Mit dem, der sagt: »Ist mir egal«, können wir keine Nation aufbauen. TSHI

Ebenso wenig wie ein Affe vergisst auch ein Reiter nicht, dass er fallen kann. TSWANA

Steck keinem Hund, den du nicht selbst erzogen hast, den Finger ins Maul. LUYIA

Beeile dich nicht, eine Frau zu lieben – vielleicht hasst sie dich. Beeile dich nicht, sie zu hassen – vielleicht liebt sie dich. FULBE

Hat dich einmal eine Schlange gebissen, so fürchte auch den Erdwurm. EWE

Einer, der vorsichtig geht, kommt weit. UGANDA

Wer auf sich aufpasst, geht nicht zugrunde. OVAMBO

Kriecht etwas durch die Nacht, versuche nicht es zu fangen. MAMPRUSSI

Sind Krokodile im Wasser, nimm dein Bad lieber in der Kalebasse. HAUSA

Rufst du den Hund eines andern, so tust du gut daran, einen Stein in der Hand zu halten. UGANDA

Bleib am Boden – Flügel setzen dich Gefahren aus. SHONA

Wirf beim Anblick von etwas Neuem nicht das Alte weg. SHONA

Niemand prüft die Tiefe des Flusses mit beiden Beinen. GA

Einer mit einem langen Schwanz springt nicht übers Feuer. MAMPRUSSI

Die Schlange, die sich nicht versteckt, lebt nicht lange. KURANKO

In einem Fluss, in dem Menschen ertrunken sind, hält man sich in der Nähe des Ufers. EWE

Vorteile

Ein Dieb kennt den Man, den er bestiehlt, doch der Bestohlene kennt den Dieb nicht. IGBO

Im Land der Blinden ist ein Einäugiger König. YORUBA

Der Erste am Brunnen schöpft kein schmutziges Wasser. GIRIAMA

Ein Hund vergißt nie, wo er gefüttert wurde. SHONA

»Halt, hört auf zu streiten!« So spricht einer, dessen Freund dabei ist zu gewinnen. GANDA

Wahrheit

Bittere Wahrheit ist besser als süße Unwahrheit. SWAHILI

Schwöre nicht, dass du immer die Wahrheit sagen wirst – tu es einfach! SUKUMA

Wer erzählt, wie viele er umgebracht hat, muss ihre Namen nennen. UGANDA

Wer die Wahrheit sagt, macht keine Fehler. SWAHILI

Es ist keine Schande die Wahrheit zu sagen. SWAHILI

Wahrheit ist wie Zuckerrohr – selbst wenn du lange darauf herumkaust, schmeckt es immer noch süß. MADAGASKAR

Wahrheit kommt auf den Markt und bleibt unverkäuflich – bei Unwahrheit herrscht ständige Nachfrage. YORUBA

Sprichst du bei einer Verhandlung die Wahrheit, ist die Angelegenheit schnell beigelegt. TSHI

Der Fetischpriester, der sagt, es wird regnen, und der Fetischpriester, der sagt, es wird nicht regnen – beide lügen. TSHI

Warnung

Ein brüllender Löwe fängt kein Tier. ACHOLI

Gib Warnung – einige werden überleben. UGANDA

Keiner träumt, wo er sterben wird, und geht dann an jenen Ort. TSHI

Noch nie wurde eine Falle aufgestellt, während die Vögel zuschauten. NDEBELE

Ein kleiner Gefangener, der auf dem Weg zur Urteilsvollstreckung Widerstand leistet, holt den Richtplatz zu sich her. GANDA

Wenn alles still ist, droht Gefahr. LOZI

Wechselfälle

Wer dich am Morgen überholt, den wirst du am Abend überholen. GANDA

Was gut beginnt, geht böse aus. ZULU

Der angenehme Geschmack bleibt nicht immer auf der Zunge. KAMBA

Als ich weinte, hast du gelacht – ich kam zurück, und du hast geweint. MONGO

Weisheit

Ein weiser Mensch versteht alles, was er wissen muss. YORUBA

Du magst mit einer Axt nicht umgehen können, aber du musst mit Anweisungen umgehen können. SUKUMA

Selbst ein weiser Mann braucht Rat. SWAHILI

Wer sich beraten lässt, ist weise. GIKUYU

Wer viel Weisheit besitzt, hat sie im Herzen; wer wenig besitzt, trägt sie auf den Lippen. GANDA

Durch die Weisheit anderer erlernen wir Weisheit; das Wissen eines Einzelnen ist nichts. YORUBA

Die Schildkröte sagt: »Einer allein besitzt keine Weisheit.«
JABO

Wer dauernd sagt: »Ich frage niemanden«, ist nicht weise.
GANDA

Viele Köpfe, viel Weisheit. EWE

Niemand wird weise geboren. GIKUYU

Wer lernt, wird weise. SWAHILI

Tadle den weisen Mann, und er wird dich lieben. NZIMA

Die Augen eines Weisen schauen durch dich hindurch. HAYA

Termiten sind weise und benutzen ihre Weisheit, um zu bauen;
Schlangen sind weise und benutzen ihre Weisheit, um grausam
zu sein; Bienen sind weise und benutzen ihre Weisheit, um
Honig zu sammeln. YORUBA

Der Weise, der nicht unterrichtet wird, ist nicht weise.
GIKUYU

Es sind viele, die durch den Mangel an Weisheit getötet
wurden, doch so gut wie niemand ist durch Weisheit getötet
worden. YORUBA

Weisheit ist nicht wie Gold, das in einem Safe aufbewahrt
werden muss. TWI

Weiße

Hüte dich vor Franzosen, die vorgeben sich zu streiten – sie
werden sich gegen dich zusammentun. MADAGASKAR

Der Engländer mit den süßen Worten, der dich am Ende doch
verletzt. SUKUMA

Hätte in Europa keine Armut geherrscht, wäre der Weiße
nicht gekommen, um seine Kleider in Afrika auszubreiten.
TSHI

Der weiße Mann hat keine Verwandtschaft – seine
Verwandtschaft ist das Geld. TSONGA

Der weiße Mann ist ein weißer Mann. TSONGA

Sie verbieten uns, roten Ton aus der Lehmgrube zu holen, doch selbst haben sie keine Verwendung dafür. XHOSA

Verlässt der weiße Mann für immer einen Garten, zerstört er ihn vorher. YORUBA

Werte

Wenn ein Fisch schläft, frisst ihn möglicherweise ein anderer. NIGERIA

Der Papagei sagt, etwas Wertvolles lese man nicht von der Straße auf, sondern kaufe es zu einem bestimmten Preis. IGBO

Ein reicher Mann und sein Reichtum und eine arme Frau und ihr Kind sind in gleichem Maße untrennbar und miteinander verbunden. SWAHILI

Rennt ein Huhn im Regen hinter etwas her, ist es wichtig für das Huhn. IGBO

Wertschätzung

Ein Einäugiger dankt Gott erst, wenn er einen Blinden beim Gebet angetroffen hat. NIGERIA

Man dankt einem Menschen immer erst nach seinem Tode. TSWANA

Bring mir Blumen, solange ich noch am Leben bin. SWAHILI

Gold sollte man nur dem verkaufen, der seinen Wert kennt. YORUBA

Der, dem man Geschenke bringt, weiß nicht um die Länge des Wegs, den man gekommen ist. OVAMBO

Wer die Vorteile des Lichts nicht kennt, muß im Dunkeln bleiben. SWAHILI

Einer, der dich nicht kennt, schätzt dich nicht. SWAHILI

Wessen Körper vollkommen ist, der ist sich dessen Wert nicht bewußt. YORUBA

Statt sofort zu Reichtum zu gelangen, ist man besser zuerst arm. SWAHILI

• •

Wer auf einen Dorn getreten ist, schätzt Schuhe. SWAHILI

Was sie umsonst bekommen, schätzen die Leute nicht.
GIKUYU

Sprich nur mit einem, der verständnisvoll ist, und koche nur
für einen, der zufrieden ist. LUVALE

Die Nase kennt den Geschmack des Salzes nicht. HAUSA

Den Nutzen einer Quelle erkennt man erst, wenn sie
austrocknet. UGANDA

Jene, die Perlen tragen, wissen nicht, wie oft der Hai den
Taucher ins Bein gebissen hat. AMHARISCH

Wasser ist süß, wenn das Wetter trocken ist. AFRIKA

Wichtig

Ein Auge ist klein, doch sein Nutzen groß. MAMPRUSSI

Sie ist wie ein großer Baum, an dem alles hängt, an dem sich
alles emporwindet – fällt sie, geht alles zugrunde. EFIK

Gehst du Wasser holen und kehrst nicht zurück, wird man
nicht den Wassertopf suchen. OJI

Wo ein Elefant getötet wird, bemerkt keiner den Tod eines
Affen. HAUSA

Wo ein toter Elefant liegt, stinkt ein Hase nicht. FULBE

Wie du mir, so ich dir

Ein Folterer lehrt seine Opfer Grausamkeit. NIGERIA

Wie eine Frau geht, so begegnet man ihr. YORUBA

Wer Sand als Salz verkauft, wird Steine als Geld erhalten.
YORUBA

Wer die Angelegenheiten eines anderen an die Öffentlichkeit
bringt, wird selbst der Öffentlichkeit preisgegeben.
ALTÄGYPTEN

Ein Krokodil zu essen ist nicht Gefräßigkeit, sondern einfach
das »Wie du mir, so ich dir«. TEMNE

Hilf dem, der dir hilft. SWAHILI

Spielt ein Kind, es sei tot, spielen wir, wir würden es begraben. TSHI

Behandelst du deinen Freund wie ein Tier, behandelt er dich wie Scheiße. TSHI

Halte nach etwas Ausschau, und es wird nach dir Ausschau halten. OVAMBO

Im Licht, das du gebracht hast, erkennst du deinen Besucher, und im selben Licht erkennt der Besucher den Hausherrn. IGBO

»Wie du mir, so ich dir« schmeckt nicht bitter. GIKUYU

Ein schlecht gelaunter Ruf bringt eine schlecht gelaunte Antwort. OROMO

Wie man etwas tut

Alle Menschen werden sterben, aber wir wollen gut sterben. TSHI

Nicht freizügig schenken ist dasselbe wie sich zu weigern, etwas zu schenken. LAMBA

Gehen wir vorwärts, sterben wir; gehen wir rückwärts, sterben wir; also gehen wir am besten vorwärts und sterben. ZULU

Wenige Geschenke mit großzügiger Hand gegeben sind mehr wert als viele Geschenke mit unwilliger Hand gegeben. HAYA

Wenn du nicht willst, daß etwas Bestimmtes geschieht, dann tu es nicht. HAUSA

Einen Menschen warnen heißt nicht ihn rügen. GA

Wenn du dienst, diene gut. SWAHILI

Wissen

Ein Jäger hat keine geheimnisvollen Vorstellungen vom Wald. SHONA

Ein wenig Wissen ist nichts wert. ANGASS

• •

Ein Mensch, dem die Initiation fehlt, ist ein Kind. KURIA

Frühes Wissen ist besser als »Hätte ich das gewusst«.
MAMPRUSSI

Wer nicht weiß, was Dunkelheit ist, dem sei geraten, die
Augen zu schließen. IGBO

Ein Kopf allein verarbeitet nicht alles Wissen. MAASAI

Wer vorangeht, kennt den Weg. UGANDA

Licht ist der Feind der Dunkelheit. SWAHILI

Wer will widersprechen, wenn ein Fisch aus dem Wasser
kommt und sagt, das Krokodil habe nur ein Auge? IGBO

Wenn du nicht weißt, woher du kommst, musst du wissen,
wohin du gehst. EWE

Kennst du den Anfang, wird dich das Ende nicht beunruhigen.
WOLOF

Wenn du dem Aufmerksamkeit schenkst, was Hühner fressen,
wirst du nie mehr Huhn essen wollen. LUYIA

Informiert dich dein Großvater über bestimmte
Schwierigkeiten, solltest du nie deinen Vater danach fragen.
MAMPRUSSI

Wissen ist besser als Reichtum. EFIK

Wissen gleicht einem Baobab – niemand kann ihn mit beiden
Armen umfangen. EWE

Wissen ist Macht. GIKUYU

Für sich behaltenes Wissen ist ebenso nutzlos wie eine
brennende Kerze in einem Topf. OROMO

Wiederhole nur, was du gesehen, nicht, was du gehört hast.
ALTÄGYPTEN

Sage erst »Hier lässt sich gut essen«, wenn du da gewesen bist.
UGANDA

Einer, der Wissen hat, ist stärker als ein Unwissender.
MAMPRUSSI

Es ist nutzlos, dass dein Mund leugnet, was dein Ohr gehört und dein Auge gesehen hat. MONGO

Weißt du, wohin du gehst, kommst du nie zu spät. UGANDA

Weiß einer etwas nicht, kann ein anderer erklären. ASHANTI

Worte

Einen Ochsen nimmt man bei den Hörnern, einen Mann bei seinem Wort. TSONGA

Ein grausames Wort schlägt im Herzen eine unheilbare Wunde; heilt sie doch, bleibt die Narbe. SWAHILI

Ein Wortschwall verkleidet eine Lüge. HAUSA

Ein gutes Wort ist besser als eine gute Matratze. OROMO

Ein beleidigendes Wort schmerzt mehr als eine Fleischwunde. TSHI

Wie zahlreich auch immer – Worte brechen keine Knochen. UGANDA

Worte sind der Duft des Herzens. GIKUYU

Worte sind nicht mit Weisheit zu vergleichen. TSHI

Worte im Herzen müssen ausgesprochen werden, ehe sie zufrieden stellen können. TSWANA

Ein gutes Wort vertreibt den Ärger. GA

Ein einmal gefallenes Wort liegt herum, um von anderen aufgehoben zu werden. GIKUYU

Sprich sanft mit dem, der im Zorn gesprochen hat, denn freundliche Worte sind Medizin für sein Herz. ALTÄGYPTEN

Das Wort lädt dich ein, die Nacht zu bleiben, doch die Miene schickt dich am selben Tag wieder nach Hause. MADAGASKAR

Du wirst nach deinen Worten beurteilt werden. LUYIA

Wenn hochgestochene Worte das Gespräch verwirren, werden einfache es entwirren. JABO

Bist du im Gespräch geizig mit Worten, verlierst du die Weisheit deines Freundes. TSHI

Zeit

»Zur rechten Zeit« oder »in zwanzig Jahren« wird zu »morgen«. YORUBA

Die Zeit ist ein Lehrer. SWAHILI

Zeit haben heißt Zeit vergeuden. UGANDA

Wird Zeit weggelassen, wird sie gefunden. IGBO

Die Nacht ist vorüber, ehe man alle Sterne gezählt hat. FIPA

Ziele

Wer zwei Ratten verfolgt, wird keine fangen. YORUBA

Wo es ein Ziel gibt, kann nichts schief gehen. SWAHILI

Folge dem Fluss und finde das Meer. SWAHILI

Man kann viele Wege gehen, aber nur auf einem ankommen. BAJAN

Du weißt, woher du kommst, aber nicht, wohin du gehst. MAASAI

Man kann nicht zwei Gazellen jagen. ZULU

Wer sucht, findet. HAUSA

Zorn

Ein kleiner Topf kocht schnell über. SWAHILI

Zorn brütet Reue aus. MAMPRUSSI

Zorn ist ein Feuer, das sich selbst entzündet. KRU

Nur Schweigen kann den Zorn heilen. UGANDA

Zorn ist wie ein fremder Besucher – er sucht nicht nur ein Haus auf. TSHI

Zorn ist Verlust. SWAHILI

Zorn ist Sklaverei. SWAHILI

Zorn tötet seinen Besitzer. TWI

Gerätst du nie in Zorn, bist du noch nicht geboren. BASA

Aufschieben ist das beste Mittel gegen Zorn. SWAHILI

Schweigen und Zorn sind dasselbe. NUPE

Zorn baut nichts auf. TSONGA

Es ist besser, zornig die Nacht zu verbringen als alles zu bereuen. TAMASHEK

Zu Hause

Ein Zaunkönig ist König in seinem Nest. IGBO

Trockenes Brot zu Hause ist besser als gutes Fleisch in der Fremde. SWAHILI

Wer weit von seiner Heimatstadt stirbt, wird nur aus Mitleid begraben. ALTÄGYPTEN

Dein Zuhause ist da, wo du zufrieden bist. SWAHILI

Nicht das Feuer in der Feuerstelle wärmt das Haus, sondern das Paar, das sich gut versteht. MADAGASKAR

Nicht dort, wo ich geboren wurde, sondern, wo es mir gut geht, ist mein Zuhause. KANURI

Menschen sind Heimat. AFRIKA

Das Pferd verweigert nie einen Galopp nach Hause. YORUBA

Das Haus ist zum Schlafen da in der Nacht, nicht zum darin Wohnen am Tage. GIKUYU

Zu spät

»Hätte ich das gewußt!« kommt immer zu spät. UGANDA

Er kam, als das Vieh den Pferch längst verlassen hatte. TSWANA

Er wird die Böcke von den Schafen erst trennen, wenn sie sich schon gepaart haben. TSWANA

Wenn ich hier lebendig herauskomme, werde ich nie mehr stehlen! UGANDA

Der Ratte kommen die Tränen erst, wenn sie in der Falle sitzt. GANDA

Wenn das Tier einmal im Topf ist, fürchtet es das Messer nicht mehr. IDOMA

Zuhören

Guter Rat ist nützlich, wenn man zuhört. IGBO

Ohren sind uneingeladene Zeugen. TSWANA

Bist du ein guter Zuhörer und berätst jemanden, hört dieser aufmerksam zu. TSHI

Man muss wenig reden und viel zuhören. WOLOF

Das Ohr erzählt dem Herzen. NDEBELE

Fehler in jedem Charakter haben ihre Ursache im nicht Zuhören können. ALTÄGYPTEN

Wer zuhört, versteht. JABO

Zukunft

Was du nicht hast, kann noch immer kommen. MAMPRUSSI

Heute ist nicht gut, aber morgen ist auch noch ein Tag. TSHI

Der morgige Tag bringt vieles. TONGA

Der morgige Tag ist schwanger – wer weiß, was er gebären wird? IGBO

Zur rechten Zeit

Suche dir deinen Mitreisenden aus, ehe du die Reise beginnst. HAUSA

Suche die schwarze Ziege, solange es noch Tag ist. IGBO

Zur rechten Zeit da zu sein ist wichtiger, als dass du als Erster erscheinst. MAMPRUSSI

Lösche das Feuer, solange es klein ist. HAUSA

Was man im Tageslicht sieht, braucht man nicht mit der Fackel zu suchen. EWE

Die Dekorationen auf der Lehmwand werden zur selben Zeit hergestellt wie die Wand. HAUSA

Erst wenn der Hund aus dem Wasser kommt, schüttelt er den Kopf. BURJI

Willst du einem Steppenbrand entgehen, fliehe, solange er noch weit weg ist. SHONA

Arbeite mit den Lehm, solange er feucht ist. SWAHILI

Z

Frisst ein Löwe einen schlechten Menschen und die Jäger erlegen ihn nicht, frisst er morgen einen guten Menschen. LOZI

Zweifelhafte Gesellschaft

In einer Kette von hundert sieht eine schlechte Kaurimuschel recht respektabel aus. GANDA

Ein Mensch wird danach beurteilt, mit welchen Freunden er sich umgibt. YORUBA

Ist der Krebs klein, tut er sich mit einem noch kleineren zusammen. NYANG

Es ist besser allein zu sein als in schlechter Gesellschaft. OROMO

Ein schmutziger Finger macht auch alle anderen schmutzig. MAMPRUSSI

Ein Ehebrecher schändet seine Frau. GIKUYU

Der Freund eines Diebes ist ein Dieb. NUPE

Das Pferd, das mit einem Esel auf der Weide steht, schlägt aus wie die Esel. OROMO

●●●●●●●●●●●●●●●●●●●●●●●●●●●●●●●●●●●●●●

Zusammen wohnen bedeutet noch lange nicht, denselben
Lebensstil zu pflegen. GIKUYU

Zweischneidig

Ein Messer kennt seinen Besitzer nicht. MONGO

Der Schlüssel, der das Schloss öffnet, ist derselbe, der
zuschließt. KONGO

Das Schwert zeigt keine Ehrfurcht vor dem, der es gefertigt
hat. YORUBA

Zähne, die lachen, beißen auch. HAUSA

Du ziehst ein verwaistes Leopardenkind auf – wenn seine
Krallen stark geworden sind, springt es dich an. MONGO

Zieh eine Pythonschlange groß, und sie wird dich
verschlucken. LOZI

Nimm einen Hund bei dir auf, und er wird dich beißen.
TSONGA

Patrick Ibekwe

DAS WESEN DES AFRIKANISCHEN SPRICHWORTS

Die vorliegende Sammlung ist keineswegs eine akademische
Studie der Sprichwörter Afrikas. Sie ist vielmehr der Versuch, den
Reichtum jener Kulturen an Witz, an Weisheit und Fantasie
aufzuzeigen, an Vergnüglichem, an Belehrungen und Einsichten
in die wichtigsten Dinge des Lebens. In vielen Gesellschaften
können Sprichwörter diese Dinge zum Ausdruck bringen, doch
auf Afrika trifft es in ganz besonderem Maße zu. (In Afrika haben
traditionelle Werte und eine traditionelle Lebensweise noch nicht
im selben Ausmaß Erschütterungen erlitten, wie dies in vielen
Gemeinschaften der Diaspora und andernorts der Fall ist.)
Geschichten, Sagen, Gebete, rituelle Anrufungen, Lieder,
Legenden, Verzauberungen und andere Artefakte des Brauchtums
haben tiefe kulturelle Bedeutung.

Sprichwörter setzen Maßstäbe, an denen persönliches Verhalten
und Regeln des Benehmens gemessen werden: *Wer das Waisenkind
an sein Elend erinnert – auch wenn es voll Mitleid geschieht – bringt es
zum Weinen* (Ganda). Sie liefern einen Index gesellschaftlicher und
politischer Werte und die Möglichkeit – oft mit äußerst
feinsinnigem Taktgefühl – Kritik zum Ausdruck zu bringen, und
sie regulieren die gesellschaftlichen Beziehungen: *Ein harscher
Mund hat keine Verwandten* (Mamprussi). Kurz, Sprichwörter sind
Ausdruck des Bildes, das sich ein Volk von sich selbst macht,
Ausdruck seiner Werte und seiner Einstellung zum Leben. Ich
hoffe, dass diese Sprichwörter den Blick öffnen für die
Menschlichkeit Afrikas – auf dem Kontinent selbst und darüber
hinaus.

Sprichwörter im allgemeinen, doch besonders in Afrika, könnten
als eine Dialektik der Weisheit umschrieben werden. Sie werden
häufig benutzt, um Argumente in Debatten zu liefern, Probleme
zu lösen, die Wahrheit aufzudecken, Rat zu erteilen,
Beobachtungen mitzuteilen und zu einer Urteilsfindung in der
Anwendung von Gewohnheitsrechten und ungeschriebenen
Gesetzen zu gelangen. Sprichwörter werden auch als
ausschmückende Elemente verwandt, um zu einer kunstvollen
Unterhaltung beizutragen und diese Kunst zu unterstreichen,
indem linguistische und literarische Ressourcen benutzt werden
wie Ironie, Humor, Emfase, Satire, Understatement, Sarkasmus,
syntaktische Manipulation, Parallelismus und so weiter.

● ●

Rivalisierende Sprichwörter
Dem Leser wird auffallen, dass in zahlreichen kulturellen
Traditionen Sprichwörter gegensätzlichen Rat erteilen, zum
selben Thema entgegengesetzte Richtungen aufweisend. Diese
Tatsache wird bisweilen benutzt, um die Form des Sprichworts zu
kritisieren und abzulehnen. Doch Sprichwörter spiegeln das
Leben wider. Sie liefern die von Generationen sich zu Eigen
gemachten und für gut befundenen Erfahrungen von Männern
und Frauen, die in der Weisheit ihrer Vorfahren nach wie vor
etwas finden, das ihr eigenes Leben berührt, und das ihnen etwas
zu sagen hat. Sprichwörter sind zu Recht widersprüchlich, denn
das Leben bietet nicht immer eine einzige Antwort auf eine
Frage, falls es überhaupt eine Antwort bietet. Vor allem aber sind
Sprichwörter von den Umständen bedingt – die gegebene
Situation führt zum Sprichwort, und da die Umstände bis ins
Unendliche variieren, bringen sie eine unendliche Vielfalt von
sprichwörtlichen Äußerungen hervor. Auf diese Weise versöhnt
die Vielfalt der Umstände und macht die Existenz von zwei oder
mehr scheinbar widersprüchlichen Sprichwörtern vereinbar.
Der Leser wird einige Sprichwörter finden, denen er
möglicherweise »westlichen« Ursprung zuschreiben wird. Zum
Beispiel: *Die Liebe zum Geld ist die Wurzel allen Übels*, erscheint hier
dem Volk der TSHI zugeordnet und nicht Diogenes oder Paulus
(Paulus: *Habsucht ist eine Wurzel allen Übels. 1.Tim.6,10*). Und
während es für Menschen aus dem Westen verlockend sein mag,
einen »westlichen« Ursprung anzunehmen, so stellt der
universelle Charakter vieler Sprichwörter ihre Zugehörigkeit zur
Diskussion.
Ich hoffe, den Lesern wird diese Sammlung ebenso viel
Vergnügen bereiten, wie sie mir selbst bereitet hat.
London 1998

Ethnische Gruppen

Acholi: Kenia, Uganda
Amharen: Äthiopien
Angass: Nigeria
Ashanti: Ghana
Bambara: Mali
Basa: Liberia
Bemba: Kongo, Sambia, Simbabwe
Bini: Nigeria
Bondei: Kenia
Boran: Kenia
Bura: Nigeria
Burji: Kenia
Chagga: Tansania
Chopi: Mosambik, Südafrika
Duala: Kamerun
Efik: Nigeria
Etsako: Westafrika
Ewe: Ghana, Benin, Togo
Fipa: Tansania
Fulbe: Burkina Faso, Kamerun,
Gambia, Guinea, Mali, Nigeria,
Senegal
Ga: Ghana
Galla: Kenia, Äthiopien
Ganda: Uganda
Gbande: Liberia
Gikuyu: Kenia
Gio: Liberia
Giriama: Kenia
Gogo: Tansania
Grebo: Liberia
Gurage: Äthiopien
Gusii: Kenia
Hausa: Niger, Nigeria
Haya: Tansania
Herero: Namibia
Ho: Togo
Idoma: Nigeria
Igbo: Nigeria
Ila: Sambia
Iteso: Uganda
Jabo: Liberia
Jukun: Nigeria
Kalenjin: Kenia
Kamba: Kenia, Tansania
Kanuri: Tschad, Niger, Nigeria
Kaonde: Sambia
Koranko/Kuranko: Sierra Leone
Kuria: Kenia
Kweli: Kamerun
Lamba: Kongo, Sambia

Lozi: Sambia
Luo: Kenia, Tansania
Luvale: Sambia
Luyia: Kenia, Uganda
Maasai: Kenia, Tansania
Mamprussi: Burkina Faso
Marakwet: Kenia
Mende: Sierra Leone
Mongo: Kongo
Nandi: Kenia
Ndebele: Simbabwe
Ndonga: Namibia
Nkundu: Kongo
Nupe: Nigeria
Nyang: Kamerun
Nyanja: Sambia, Malawi,
Mosambik, Simbabwe
Nyika: Kenia
Nzima: Ghana
Oji: Ghana
Oromo: Äthiopien, Kenia
Ovambo: Angola, Namibia
Pedi: Südafrika
Sherbro: Sierra Leone
Shona: Mosambik, Simbabwe
Sotho: Botswana, Lesotho,
Südliches Afrika
Sukuma: Tansania
Swahili: Ostafrika
Tamashek (Tuareg): Algerien, Mali,
Niger
Temne: Sierra Leone
Thonga: Simbabwe, Südafrika
Tiv: Kamerun, Nigeria
Tonga: Sambia
Tshi: Ghana
Tsonga: Mosambik
Tswana: Botswana, Südafrika
Twi: Ghana
Vai: Liberia, Sierra Leone
Wolof: Gambia, Senegal
Xhosa: Südafrika
Yoruba: Benin, Nigeria, Togo
Zulu: Südafrika

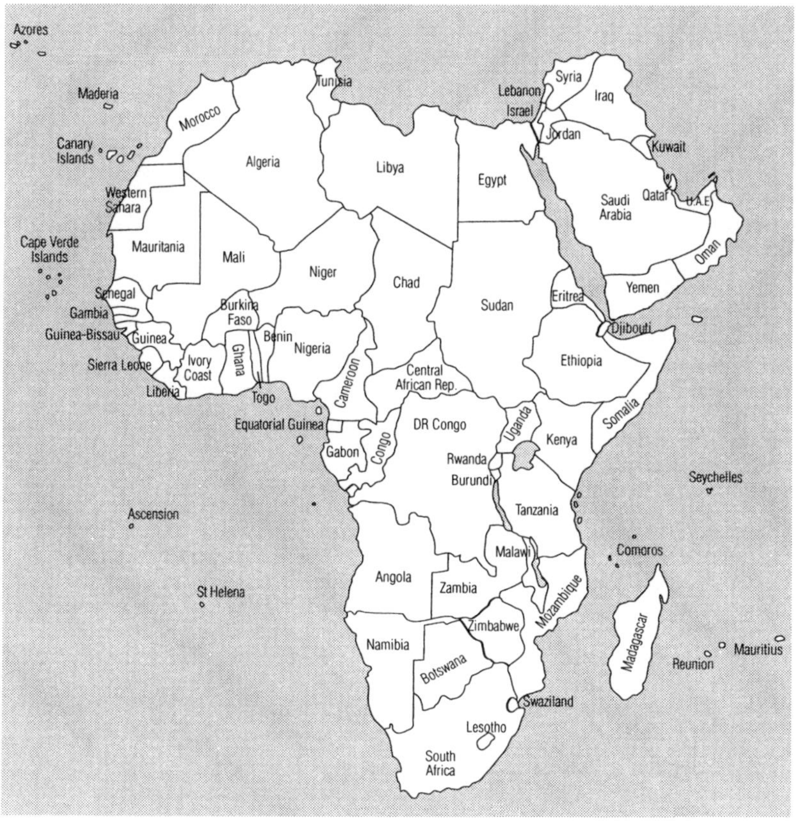

Azores

Maderia

Canary Islands

Western Sahara

Cape Verde Islands

Morocco

Tunisia

Algeria

Libya

Egypt

Lebanon
Israel
Jordan

Syria

Iraq

Kuwait

Saudi Arabia

Qatar

U.A.E.

Oman

Mauritania

Mali

Niger

Chad

Sudan

Eritrea

Yemen

Senegal

Gambia

Guinea-Bissau

Guinea

Sierra Leone

Liberia

Burkina Faso

Ivory Coast

Ghana

Togo

Benin

Nigeria

Cameroon

Central African Rep.

Ethiopia

Djibouti

Equatorial Guinea

Gabon

Congo

DR Congo

Rwanda
Burundi

Uganda

Kenya

Somalia

Tanzania

Seychelles

Ascension

St Helena

Angola

Zambia

Malawi

Mozambique

Comoros

Madagascar

Mauritius
Reunion

Namibia

Zimbabwe

Botswana

Swaziland

Lesotho

South Africa

Quellen

Abraham, Captain R C, The Principles of Idoma, Published by The Author, 1935

Akrofi, Clement, Twi Mmebusem (Twi Proverbs), Presbyterian Book Depot, Kumasi, Macmillan and Co Ltd, St Martin's Street London,1962

Anderson, Izett, and Frank Cundall, Jamaica Proverbs and Sayings, Institute of Jamaica, Kingston, 1972 (First Published London, 1910)

Areje, Raphael Adekunle, Yoruba Proverbs, Daystar Press, Ibadan, Nigeria, 1985

Bai-Sharka, Abou, Temne Names And Proverbs, People's Educational Association of Sierra Leone, 1986

Barra, G, 1000 Gikuyu Proverbs, The East African Literature Bureau, Macmillan and Co Ltd, London, 1960

Basden, G T, Among The Ibos of Nigeria, University Publishing Co, Academy Press Ltd, Lagos, 1982 (First Publ 1921)

Bazinge, Dr J, Ibo Proverbs, Published by the Author, Lagos, 1972

Bloah, Charles, and George Herzog, Jabo Proverbs from Liberia, Oxford University Press, 1936

Bordinat, Philip, and Peter Thomas, Revealer of Secrets, African Universities Press, Lagos, 1973

Burdon, Sir John, and C E J Whitting, Hausa and Fulani Proverbs, Lagos, Printed by the Government Printer; 1940

Burton, Richard F, Wit and Wisdom from West Africa, London, Tinsley Brothers, 1865

Cagnolo, Fr C, The Akikuyu - Their Customs, Traditions and Folklore, The Missionary Printing School, Nyeri, Kenya, 1933

Champion, Selwyn, Racial Proverbs, London George Routledge & Sons Ltd, 1938

Christaller, G J, and Kofi Ron Lange, 3,600 Ghanian Proverbs (from the Asante and Fante Languages), The Edwin Mellen Press, Lewiston, Queenston, Lampeter; 1990

Cisternino, Fr Marius, The Proverbs of Kigezi and Ankole, Museum Combonianum No 41, 1987

Cotter, Fr George, Sukuma Proverbs, Beezee Secretarial Services, Nairobi, Kenya, 1968

Courlander, Harold, A Treasury of Afro-American Folklore, Crown Publishers, Inc, New York, 1976

Cullen, The Rev T, Notes on the Customs And Folklore on the Tumbuka-Kamanga, Mission Press, Livingstonia, 1931

Davids, Pauline Aduke, Ilulu Igbo -The Textbook of Igbo Proverbs, Varsity Industrial Press, Onitsha, 1980

Delano, Isaac, Yoruba Proverbs, Ibadan, Oxford University Press, 1966

Dennis, Benjamin, The Gbandes - A People of The Liberian Hinterland, Nelson-Hall Company, Chicago, 1972

Doke, Clement, Lamba Folklore, The American Folklore Society New York, 1927

Dundas, Charles, Kilimanjaro and its People, London, H. F. And G. Witherby, 1924

Dunning, R G, Two Hundred and Sixty Four Zulu Proverbs, Idioms, Etc, The Knox Printing And Publishing Co., Durban, S Africa, 1946

Dzobo, N K, African Proverbs: Guide to Conduct (The Moral Value Of Ewe Proverbs), 2 Vols, Waterville Publishing House Division of Presbyterian Book Depot, Ltd, Accra, 1975

Eguchi, Paul Kazuhisa, Miscellany Of Maroua Fulfulde (Northern Cameroun), Vol 1, Institute for the Study of Languages & Cultures of Asia and Africa, Tokyo, 1974

Ellis, A B, The Ewe-Speaking Peoples of The Slave Coast of West Africa, London, Chapman & Hall, 1890

Ellis, A B, The Yoruba-Speaking Peoples of The Slave Coast of West Africa, London, Chapman & Hall Ltd, 1894

Fletcher, Roland, Hausa Sayings and Folklore, Henry Frowde, Oxford University Press, 1912

Faulkner, R O, William Kelly Simpson And Edward F Wente, The Literature of Ancient Egypt, New Haven And London, Yale University Press, 1973

Foulkes, H D, Angass Manual, Kegan Paul, Trench, Truber & Co Ltd, London, 1915

Ganly, Fr John C, Kaonde Proverbs, Mission Press, Ndola, 1987

Gichuke, Alexander And Esmee, Gikuyu Proverbs, Nairobi, Oxford University Press, 1983

Green, M M, And The Rev G E Igwe, Igbo Language Course, Book III: Dialogues, Sayings, Translations, Ibadan, Oxford University Press, 1970

Greene, Anthony, Hausa Ba Dabo Ba Ne, Ibadan, Oxford University Press, 1966

Hamutyinei, M, and A Plangger, Tsumo-Shumo: Shona Proverbial Lore And Wisdom, Salisbury, Mambo Press, 1974

Haskett, Edythe Rance, Grains of Pepper - Folktales from Liberia, Abelard-Schuman, London, 1970

Hinzen, Heribert, Frederick Bobor James, Jim Martin Sorie & Sheikh Ahmed Tejan Tamu Editors, Fishing In Rivers Of Sierra Leone - Oral Literature, People's Educational Association Of Sierra Leone, Freetown, 1987

190

• •

Hollis, A C, The Masai - Their Language and Folklore, Oxford, 1905

Hollis, A C, The Nandi - Their Language and Folklore, Oxford, 1909

Ichie, Ndi and I N C Nwosu, Akwa Mythology and Folklore Origins of The Igbos, Css Press, Lagos, 1983

Jablow, Alta, An Anthology of West African Folklore, Thames and Hudson, 1961

Johnson, The Ven W P, Chinyanja Proverbs, Smith Bros, 1922

Junod, Henri, The Wisdom of the Tsonga-Shangana People, Sasavona Publishers, Braamfontein, 1981

Kabira, Wanjiku Mukabi, and Karega Mutahi, Gikuyu Oral Literature, English Press Ltd, Kenya, 1988

Kalugila, Leonidas, and Abdulaziz Lodhi, More Swahili Proverbs from East Africa, Scandinavian Institute Of African Studies, Uppsala, 1980

Kipury, Naomi, Oral Literature of the Maasai, Heinemann Educational Books, Nairobi, Kenya 1983

Koelle, The Rev S W, African Native Literature or Proverbs, Tales, Fables And Historical Fragments in the Kanuri or Bornu Language, London, Church Missionary House. Salisbury Square, 1854

Koenig, Jean-Paul, Malagasy Customs and Proverbs, Editions Naaman, Canada, 1984

Knappert, Jan, Namibia - Land and Peoples, Myths and Legends, E J Brill, Leiden, 1981

Knappert, Jan, Myths and Legends Of Botswana, Lesotho and Swaziland, E J Brill, Leiden, 1985

Knappert, Jan, Proverbs from the Lamu Archipelago and the Central Kenya Coast, Dietrich Reimer Verlag, Berlin, 1986

Kuusi, Matti, Ovambo Proverbs, Suomalainen Tiedeakatemia, Helsinki, 1970

Lawrance, J, The Iteso, Oxford University Press, 1957

Leslau, Wolf, Gurage Folklore, Franz Steiner Verlag Gmbh, Wiesbaden, 1982

Lichtheim, Miriam, Late Egyptian Wisdom Literature in the International Context, Vandenhoeck & Ruprecht, Göttingen, 1983

Lindblom, Gerhard, Kamba Folklore, Vol III: Kamba Riddles, Proverbs and Songs, Uppsala, 1934

Lindfors, B, And O Owomoyela, Yoruba Proverbs, Ohio University Centre for International Studies, Africa Program, 1973

Macquitty, William, The Wisdom of The Ancient Egyptian, Sheldon Press, London, 1978

Meena, E, Misemo, 4 Vols, Transafrica Publishers Ltd, Nairobi, 1975

Merrick, Captain G, Hausa Proverbs, London, Kegan Paul, Trench, Truber & Co. Ltd, 1905

Migeod, Frederick, A View of Sierra Leone, Kegan Paul, Trench, Truber & Co Ltd, 1926

Molema, S, The Bantu Past And Present, Edinburgh, W. Green & Son Ltd, 1920

Ndeti, K, Elements of Akamba Life, East African Publishing House, 1972

Nestor, H B, 500 Haya Proverbs, East African Literature Bureau, Kenya, 1977

Njoku, John Eberegbulam, The Igbos of Nigeria - Ancient Rites, Changes and Survival, African Studies Vol. 14, The Edwin Mellen Press, Lewiston, Queenston, Lampeter, 1990

Nyembezi, C L, Zulu Proverbs, Witwatersrand University Press, Johannesburg, 1963

Odaga, Asenath Bole, Yesterday's Today: The Study of Oral Literature, Lake Publishers And Enterprises, Kenya, 1991

Opoku, Kofi, Speak to the Winds, Lothrop, Lee And Shepard Company, New York, 1975

Orjii, Edward, 1.350 Igbo Proverbs, Plateau Publishing Co. Ltd, Jos, 1984

P'Bitek, Okot, Acholi Proverbs, Heinemann Kenya Ltd, Nairobi, 1985

Pelling, J N, Ndebele Proverbs, Mambo Press in Association with The Rhodesia Literature Bureau, 1977

Penfield, Joyce Okezie, Communicating with Quotes - The Igbo Case, Greenwood Press, Westport, Connecticut and London, 1963

Plaatje, Solomon, Sechuana Proverbs, London, Kegan Paul, Trench, Truber & Co. Ltd, 1916

Plissart, Xavier, Mamprussi Proverbs, Tervuren, Musée Royal De L'Afrique Centrale, 1983

Rattray, R Sutherland, Hausa Folklore, Customs, Proverbs, Etc, Vol II, Oxford at the Clarendon Press, 1913

Rattray, R Sutherland, Ashanti Proverbs, Oxford, 1916

Rikitu, Mengesha, Oromo Oral Treasure for a New Generation, Top Print, London, 1992

Roscoe, The Rev John, The Baganda - Their Customs and Beliefs, Macmillan and Co Ltd, London, 1911

Rowling, The Rev Canon F, Tales of Sir Apollo - Uganda Folklore and Proverbs, The Religious Tract Society, London, 1927

Ruskin, E A, Mongo Proverbs and Fables, Bongandanga Congo Balolo Mission Press, Belgian Congo, 1921

St Lys, Odette, From A Vanished German Colony - A Collection Of Folklore, Folk Tales And Proverbs From South-West Africa, London, 1916

Scheven, Albert, Swahili Proverbs, University Press Of America, 1981

• •

Speirs, James, The Proverbs of British Guiana, Demerara, The Argosy Co, 1902

Steere, Edward, Swahili Tales, London, 1870

Stiglmayr, Engelbert, Sayings Of Wisdom, Wien, 1973

Sumbwa, Nyambe, Zambian Proverbs, Zpc Publications, Lusaka, 1993

Taiwo, C Oladele, The King's Heir - Nigerian Folktales, Riddles and Proverbs, London, Nelson, 1965

Taylor, The Rev W E, African Aphorisms; or Saws from Swahili-Land, Society for Promoting Christian Knowledge, London, 1891

Theal, George Kaffir, Folklore, 2nd Edition, London, Swan, Sonnenschein, Le Bas & Lowrey, Paternoster Square, 1886

Thomas, Northcote W, Anthropological Report on the Ibo-Speaking Peoples of Nigeria, Part VI - Proverbs, Stories, Tones in Ibo, London, Harrison And Sons, 1914

Wako, Daniel M, The Western Abaluyia and their Proverbs, Kenya Literature Bureau, 1985

Walser, Fr Ferdinand, Luganda Proverbs, Dietrich Reimer Verlag, 1982

Willis, Roy, There was a Certain Man - Spoken Art of the Fipa, Oxford, 1978

Wk, Swahili Notes Part 4 - Proverbs, Universities' Mission Press, Zanzibar, 1899